Christa Meves
Ein neues Vaterbild

*Der größte Verlust unserer Epoche
ist der Verlust des Vaterbildes
und damit des Gottesbildes;
seine Wiederentdeckung
und seine Verwirklichung
ist eine Tat,
von der die Zukunft
der Menschheit abhängt.
Arnold Guillet*

Christa Meves

CHRISTA MEVES

Ein neues Vaterbild

Zwei Frauen unserer Zeit entdecken Josef von Nazaret

Einleitung Hans-Jürgen Hardelauf
Nachwort des Herausgebers German Rovira

CHRISTIANA-VERLAG STEIN AM RHEIN

Photonachweis:
Der Bilderzyklus über das Leben des heiligen Josef von Nazaret stammt von der spanischen Künstlerin Palmira Laguéns aus Saragossa. Photos: Santuario de Torreciudad (Huesca), Spanien.

Herausgegeben von German Rovira
im Namen des Internationalen Mariologischen Arbeitskreises Kevelaer e.V. (IMAK).

Mit kirchlicher Druckgenehmigung

1. Auflage 1989: 1.-10. Tausend
© CHRISTIANA-VERLAG
   CH-8260 STEIN AM RHEIN/SCHWEIZ

Alle Rechte, auch das der Übersetzung in fremde Sprachen (ausgenommen die spanische Ausgabe) liegen beim Christiana-Verlag. Auszugsweiser Nachdruck nur bei genauer Quellenangabe gestattet.

Echter-Druck Würzburg – Printed in Germany

CIP – Titelaufnahme der Deutschen Bibliothek

Meves, Christa:
Ein neues Vaterbild: Zwei Frauen unserer Zeit entdecken Josef von Nazaret/Christa Meves – 1. – 10. Tsd. – Stein am Rhein: Christiana-Verl., 1989
ISBN 3-7171-0916-2

Inhalt

Einleitung Hans-Jürgen Hardelauf 7

Ein neues Vaterbild 11
Bildbetrachtungen von Christa Meves
nach Bildern von Palmira Laguéns

Bild I	Eine schwere Entscheidung	12
Bild II	Die Eingebung des Engels	18
Bild III	Herbergssuche	22
Bild IV	Die Geburt Jesu	26
Bild V	Die Beschneidung	32
Bild VI	Vaterglück	38
Bild VII	Begegnung mit Simeon	44
Bild VIII	Die Prophezeiung	50
Bild IX	Flucht nach Ägypten	54
Bild X	In Ägypten	60
Bild XI	Rückkehr nach Israel	66
Bild XII	In Josefs Werkstatt	70
Bild XIII	Wo ist Jesus?	74
Bild XIV	Wiedergefunden im Tempel	80

Josef – Klug, gerecht und von Liebe erfüllt 87
Vorbildlichkeit und Sendung des heiligen Josef
Nachwort des Herausgebers German Rovira

Palmira Laguéns:

Palmira Laguéns ist in Saragossa, etwa 150 km von Torreciudad entfernt, geboren und aufgewachsen. Sie studierte dort Rechtswissenschaften und promovierte nach ihrem Examen in Rom im Fach Erziehungswissenschaften. Neben Promotion und Tätigkeit als Hochschullehrerin und wissenschaftlichen Arbeiten in Madrid schuf sie zahlreiche Kunstwerke meist religiösen Charakters.

Christa Meves:

Christa Meves studierte Geographie, Germanistik und Philosophie an den Universitäten Breslau und Kiel. Staatsexamen in Hamburg, dort zusätzlich Studium der Psychologie, Ausbildung zur analytischen Kinder- und Jugendlichentherapeutin an den Psychotherapeutischen Instituten Hannover und Göttingen. Sie arbeitet in freier Praxis, ist mit einem Arzt verheiratet und Mutter zweier erwachsener Töchter. Im Jahre 1987 konvertierte sie zum katholischen Glauben.

Christa Meves ist Mitherausgeberin des "Rheinischen Merkur" und entfaltete umfangreiche Vortrags- und Lehrtätigkeiten in Rundfunk, Akademien und vielen Arbeitskreisen. Zahlreiche Veröffentlichungen in Fachzeitschriften. Die Auflage ihrer Buchpublikationen – in mehreren Sprachen – liegt weit über 3 Millionen.

Sie erhielt zahlreiche Auszeichnungen: 1974 Wilhelm-Bölsche-Medaille. 1976 Prix AMADE. 1978 Niedersächsischer Verdienstorden. 1979 Konrad-Adenauer-Preis für Publizistik. 1985 Bundesverdienstkreuz I. Klasse.

Hans-Jürgen Hardelauf:

Hans-Jürgen Hardelauf wurde in Essen geboren. Studium der Biologie und Chemie an der Ruhruniversität Bochum, dort Promotion am Lehrstuhl für Biochemie. Er ist verheiratet und Vater zweier Kinder. Tätigkeit als Lehrer an einem Gymnasium des Bistums Essen. Mitglied verschiedener Elterninitiativen.

German Rovira:

German Rovira wurde in Lérida in Spanien geboren und 1958 zum Priester geweiht. Er ist Vorsitzender des Internationalen Mariologischen Arbeitskreises Kevelaer und Mitglied der Päpstlichen Marianischen Akademie sowie der Spanischen Gesellschaft für Mariologie und der Polnischen Gesellschaft für Studien der Josef-Verehrung.

Einleitung

Von Hans-Jürgen Hardelauf

Viele christliche Eltern bringen auch heute noch ihren Kindern das Leben der Heiligen Familie mit besonderer Freude und Anteilnahme nahe. Ich erinnere mich aus meiner eigenen Kindheit an manche Nachmittage und Abende in der Adventszeit. Wir haben Krippenfiguren ausgeschnitten, die Weihnachtsgeschichte gelesen und Lieder gesungen. Wie Maria und Josef das Kind erwarteten und eine Herberge für die Geburt suchten, faszinierte uns früh. Nachhaltige Erinnerungen sind für mich auch an mehrere Besuche eines nahegelegenen Wallfahrtsortes, Neviges. Dort war das "Haus von Nazaret" aufgebaut, und wir Kinder waren tief beeindruckt davon, wie Jesus, Maria und Josef gelebt haben. Im Vordergrund meines Interesses stand damals das Kind Jesus.

Der heilige Josef kam mir erst als junger Biologiestudent näher in den Blick. Denn in einem Alter, in dem man sich in Gedanken mit dem anderen Geschlecht beschäftigt und hofft, einen Partner zu finden und eine Familie zu gründen, rückt Josef als Ehemann Marias und Vater Jesu plötzlich in den Vordergrund. In dieser Zeit begegnete ich jenen Bildern, die die Grundlage dieses Bandes sind.

Ich war damals, 1976, mit einer Jugendgruppe in Spanien, und wir machten einen Abstecher in die Pyrenäen zu einem Wallfahrtsort namens Torreciudad. Hier war Anfang der 70er Jahre oberhalb einer alten Wallfahrtskapelle aus dem 11. Jahrhundert auf Anregung von Msgr. Escrivá de Balaguer, dem Gründer des Opus Dei, ein neues Wallfahrtszentrum mit einer modernen, schönen Kirche entstanden. Sie gliedert sich ein in die Reihe der Marienwallfahrtsorte in den Pyrenäen wie Lourdes, El Pilar (Saragossa) und Montserrat. Die alte Marienstatue, wahrscheinlich schon aus dem 11. Jahrhundert, ähnelt vom Stil her der schwarzen Madonna von Montserrat. Am Rande dieses Zentrums, an einem Weg zwischen der neuen Kirche und der alten Kapelle, sind auf 14 etwa 1x1 m großen Kachelbildern Szenen aus dem Leben des heiligen Josef dargestellt. Die Szenen zeigen, einer alten Tradition folgend, abwechselnd sieben freudige und sieben schmerzliche Begebenheiten, die das Evangelium aus dem Leben Josefs erzählt.

Die junge spanische Künstlerin Palmira Laguéns hat die Bilder 1974 klar, einfach und mit viel innerer Anteilnahme gestaltet. Sie schrieb mir während der Vorbereitung dieses Buches, daß gerade die Betrachtungen von Msgr. Escrivá über den heiligen Josef sie zu diesen Bildern inspiriert hätten. Diese Bilder haben mich damals mehr beeindruckt als die großartige neue Wallfahrtskirche. Faszinierend zeigten sie mir Josef als einen Menschen, mit dem ich mich als junger Mann identifizieren konnte: er war jung, er war offenbar arbeitsam, und vor allem war er liebevoll zu Maria und Jesus. Besonders hat mich das erste Bild beeindruckt, auf dem dargestellt ist, wie Josef schockiert war, als ihm bekannt wurde, daß Maria ein Kind erwartete. Sexualaufklärung ist nicht erst eine Errungenschaft unserer Zeit. Josef konnte sich genauso wenig wie wir heute vorstellen, daß Maria schwanger wurde, ohne daß dem eine intime Beziehung vorausgegangen war. Unsere heutige Biologie ist da nicht wesentlich weiter als Josef. Während Josef lernt, Gott dieses Wunder zuzutrauen, sind manche "moderne" Theologen weniger gläubig und meinen, ihnen werde hier nur ein frommes Märchen aufgetischt. Und wie es das erste Bild unserer Serie zeigt, ist selbst Josef in dieser Glaubensprobe, die durch das Eingreifen Gottes herbeigeführt wurde, ganz schön in Bedrängnis geraten.

Neben diesem Bild faszinierten mich damals diejenigen Folgen, die den liebevollen Umgang Josefs mit Maria und besonders auch mit Jesus zeigen. Solche Darstellungen waren für mich ganz neu. Die Person des heiligen Josef, wie sie in dem Kunstwerk von Torreciudad zum Ausdruck kommt, hat damals mein Bild von einem christlichen Familienvater stark geprägt. Ein Vorbild leuchtete auf. Ich denke, das könnte auch für viele Betrachter der Bilder dieses Buches so sein.

Der christliche Familienvater ist nicht gerade eines der Modethemen heutiger Literatur; das Thema wird weithin übersehen. Eine erfreuliche Ausnahme machen dabei die Schriften von Christa Meves. Der Mann – die Frau ; der Vater – die Mutter und die gesunde, ganzheitliche Erziehung der Kinder für ihre Aufgaben in Gesellschaft, Ehe und Familie sind Grundthemen ihres Schaffens. Die Sicherheit, Geborgenheit und Freude aus einer Orientierung im christlichen Glauben kommen zum Ausdruck. Nicht zuletzt hat sie in ihren Büchern verschiedentlich die Heilige Familie – Jesus, Maria und Josef – als Leitbilder der Orientierung für Männer, Frauen, Kinder und Jugendliche unserer heutigen Zeit aufgezeigt.

Die aussagekräftigen Bilder von Torreciudad mit orientierenden und deutenden Texten von Christa Meves zu koordinieren – das lag geradezu auf der Hand. Aber erst der Marianische/Mariologische Weltkongreß, der im September 1987 in Kevelaer stattfand, ließ das zur Idee werden. Hier hielt Christa Meves unter anderem einen Vortrag über "Maria als Leitbild für eine gesunde, ganzheitliche Erziehung". In einer von ihr geleiteten Podiumsdiskussion wurde das Thema ebenfalls aufgegriffen und vor allem auch Josef als Vorbild, als Leitbild christlicher Familien und besonders christlicher Familienväter von ihr anempfohlen. Ich habe Frau Meves im Anschluß an diese Veranstaltung angesprochen und ihr die Idee eines Bildbandes auf der Grundlage des Kunstwerkes von Torreciudad brieflich unterbreitet. Sie war begeistert und machte sich spontan an die Arbeit. Nicht zuletzt mit Hilfe von Dr. G. Rovira, dem Generalsekretär des Kongresses, ergab sich aus dieser Idee das vorliegende Buch über Josef als Vorbild christlicher Familienväter.

Vielleicht regt sich bei diesem Titel Unbehagen. Kann man Josef wirklich Vätern, Ehemännern und solchen, die es einmal werden wollen, als Leitbild vor Augen stellen? Ist es nicht das für Josef einmalig Charakteristische, daß er eben gerade nicht der leibliche Vater Jesu ist?

Es mag überraschen, daß diese Frage aus der Sicht moderner Biologie, genauer gesagt von der Verhaltensbiologie her, beantwortet werden kann. Vaterschaft ist ein Band, das Vater und Kind, Kind und Vater vor allem über die seelische Verbindung zusammenführt. Vater ist für das Kind nicht in erster Linie die Person, die es gezeugt hat, sondern die Person, die es von der Geburt an als Hauptbezugsperson neben der Mutter kennengelernt hat. Mit der Zeugung wird nicht die Kenntnis von Vater und Mutter vererbt. Das Kind lernt Vater und Mutter besonders in den ersten Monaten nach der Geburt kennen. Eine tiefe, persönliche Bindung an sie prägt sich ihm ein. Umgekehrt erleben die Eltern das Kind gerade in den ersten Wochen nach der Geburt besonders intensiv und knüpfen ihrerseits eine tief in der Psyche wurzelnde Beziehung zu ihrem Kind. Sicher unterstützt das Bewußtsein auch genetischer Elternschaft diese Bindung, es ist aber nicht Voraussetzung. Vom Erleben dieser tiefen Zusammengehörigkeit her ist Josef sogar in einem biologischen Sinne für Jesus wirklicher Vater und Jesus für Josef wirklicher Sohn.

Josef kann also sowohl als Vater wie als Ehemann Vorbild und Leitbild sein. Christa Meves, Expertin in Erziehungsfragen – in Fragen der Erziehung zum Mann oder zur Frau –, wird, hat ausgehend von den 14 Bildern und den dazugehörigen Textstellen aus dem Evangelium, vor allem die menschlich vorbildliche Dimension des Vaters und Ehemanns Josef herausgearbeitet. Diese Gedanken gliedern sich zu jedem Bild in zwei Abschnitte: Erstens die zentrale Aussage des Bildes und die Symbolik des Bildhintergrundes sowie zweitens das zeitlos gültige – archetypische – Vorbild des heiligen Josef und die speziell unsere heutige Zeit treffenden Bezüge. Der abschließende Text ergänzt diese Gedanken aus theologischer Sicht. Er zeigt die über das Menschliche hinausragende übernatürliche Sendung des Heiligen Josefs in der Kirche, eine Sendung, die weit über das in Bildern Faßbare hinausgeht, die Josef mit der gleichen Liebenswürdigkeit erfüllt, wie sie faszinierend in den Bildern von Palmira Laguéns und Texten von Christa Meves zum Ausdruck kommt. In den Deutungen leuchtet der künstlerische Reichtum der Bilddarstellungen ebenso auf wie die Liebenswürdigkeit dieses vorbildlichen Mannes, Josef.

Ein neues Vaterbild

Bildbetrachtungen

von

Christa Meves

nach Bildern von Palmira Laguéns

Bild I

Eine schwere Entscheidung

*Mit der Geburt Jesu Christi war es so:
Maria, seine Mutter, war mit Josef verlobt;
noch bevor sie zusammengekommen waren,
zeigte sich, daß sie ein Kind erwartete –
durch das Wirken des Heiligen Geistes.
Josef, ihr Mann, der gerecht war
und sie nicht bloßstellen wollte, beschloß,
sich in aller Stille von ihr zu trennen.*
(Mt 1,18-19)

I.

Eindrucksvoll vermittelt das Bild die tiefe Unterschiedlichkeit der Stimmung des Paares: Maria ruht mit einem glücklichen Gesichtsausdruck sorglos in sich selbst. Josef hingegen steht irritiert und wie vor den Kopf gestoßen angesichts der Erkenntnis, daß Maria schwanger ist. Es erscheint ihm unmöglich, sich zu diesem Kind zu bekennen, dessen Herkunft ihm gänzlich rätselhaft ist. Das Äußerste, was er meint aus Anstand und Liebe zu Maria tun zu können, ist, sie nicht der öffentlichen Diffamierung auszusetzen, wie es angesichts "gefallener Mädchen" im Israel der damaligen Zeit Gepflogenheit war, sondern das Schändlichscheinende eher auf sich selbst zu nehmen, indem er erwägt, heimlich fortzugehen und Maria in der undurchschaubaren Situation freizugeben.

Der heilige Josef ist hier – unvergleichlich mit jedem irdischen Vaterproblem – in einer gänzlich einmaligen Situation; denn schließlich wird er abrupt mit dem unvorstellbaren Wunder konfrontiert, daß seine Braut, eine unbescholtene Jungfrau, ein Kind trägt. Wie soll er der Erklärung, die Maria ihm gewiß wahrheitsgemäß gab, Glauben schenken? Als ein nüchterner, erwachsener Mann ist ihm die Geschichte absolut nicht geheuer. Jedenfalls scheint es ihm berechtigterweise unmöglich, die Verbindung aufrechtzuerhalten und unter diesen Voraussetzungen die Ehe mit Maria wirklich einzugehen. Zwar kann er sich nicht vorstellen, daß sie lügt, aber es ist ihm ebenso ausgeschlossen, sich so ohne weiteres noch an sein Versprechen gebunden zu fühlen. Selbst wenn er es halten wollte, ist es in dieser Situation vor dem Gesetz aufgehoben.

Die entsetzte Betroffenheit Josefs ist also gewiß verständlich; denn augenscheinlich ist er der erste Mann, der gänzlich unvorbereitet mit der bedeutsamsten Offenbarung Gottes konfrontiert wird. Josef kann nicht verstehen, was wirklich geschehen ist. Wie sollte er auch? Daß eine Frau gemäß der Ankündigung des Engels ein Kind empfangen könnte durch den Heiligen Geist – dergleichen war in den alten Überlieferungen des auserwählten Volkes Israel bisher nie geschehen. Zwar waren Abraham und Sarah in hohem Alter mit ihrem Sohn Isaak gesegnet worden, und im Buch der Könige wird berichtet, wie Anna auf ihr Gebet hin nach langen, unfruchtbaren Jahren ihren Sohn Samuel gebar; und auch Elisabeth, die Base Marias, gebar noch in hohem Alter ihren Sohn, Johannes den Täufer. Aber alle diese Fälle setzten immerhin eine natürliche Form der Zeugung voraus. Die Menschwerdung des Sohnes Gottes im Schoße der Jungfrau Maria hingegen ist ein neues, einmaliges Mysterium. Eindrucksvoll ist an dieser Geschichte die starke geschlechtsspezifisch unterschiedliche Reaktion der beiden einsam von diesem Mysterium getroffenen Menschen. Maria kann nach einer einzigen Rückfrage: "Wie kann das sein, da ich keinen Mann erkenne?" annehmen, daß Gott an ihr ein Wunder vollzieht, obgleich der Eingriff in ihr Leben sehr viel fundamentaler ist als in dasjenige Josefs. Aber ihr begnadeter Geist ist viel selbstverständlicher aufgeschlossen für das religiöse Wunder. Der Mann Josef hingegen steht ihm ratlos gegenüber. Seine standfeste Verhaftung in der Wirklichkeit – in den recht breiten Füßen augenfällig dargestellt –, sein Verstand, der mit irdischen Zusammenhängen vertraut ist, so daß er auf ihn baut –, das alles ist gewissermaßen außer Kraft gesetzt. In der Gebärde der an die Stirn gelegten Hand ist das sinnfällig ausgedrückt.

Daß jenes Erlebnis Marias mit dem Engel und ihre Feststellung, daß sie wirklich schwanger ist, eine Ankündigung des Wunders aller Wunder darstellt, daß Gott selbst in Jesus Christus Fleisch geworden ist, um sich den Menschen zu offenbaren, damit sie verstehen und glauben können – dazu bedürfte es eines Ahnungsvermögens, mit dem der Mann Josef zunächst nicht ausgestattet ist. Er ist vor allem mit der irdischen Wirklichkeit und ihren Naturgesetzen vertraut. Auf sie hat er bisher gesetzt; sie sind berechenbar. Zwar hatte der Engel Maria vermittelt, daß bei Gott kein Ding unmöglich sei. Maria hatte diese Aussage ohne weiteres annehmen können, ja sie war für sie Anlaß zu dem großen Lobpreis des Magnifikat geworden. Josef hingegen steht dem Wort des Engels zunächst skeptisch gegenüber. Und doch ist schließlich genau diese Ankündigung der Beginn der zentralen Offenbarung und der atemberaubende Sinn des gesamten Geschehens mit und um Jesus Christus: Das Reich Gottes auf Erden kündigt sich an, das Reich einer Liebe, die sich in die Kreatur einbindet und in der Lage ist, sie durch die Vorherrschaft der Natur zu übersteigen, so daß das Ego, das selbstsüchtige Ich, und der Tod entmachtet werden. Wie sollte der Mann, der seit Adam jenseits von Eden mit Dornen und Disteln kämpft, angesichts dieses unbegreiflichen Vorgangs nicht begriffsstutzig verharren, wie es die spanische Meisterin in bewundernswerter Einfühlung in die Stimmung Josefs darstellt?

Die Künstlerin verdeutlicht diese urbildhafte Situation meisterlich, indem sie Josef hinter eine Torwand zurückweichen läßt. Maria hingegen rastet am Wegrand. Zwischen dem vierten und fünften Plateau einer siebenstufigen Treppe, die den Weg in eine bergige Landschaft öffnet, ruht sie mit einer Gebetsrolle in der Hand und einem Korb zu ihren Füßen. Maria ist bereits unterwegs zu ihrem Gott. Sie befindet sich – in eine lichte Landschaft ausgesetzt – von Josef in seiner beklemmenden Entscheidungsnot abgetrennt. Ihr Weg geht fraglos aufwärts – fernen Höhen entgegen. Ihre geistliche Angewiesenheit auf Gott und seinen Bund ist ihr reale Gewissheit. In tiefenpsychologischer Interpretation unterstreicht sogar die Darstellung des Korbes dieses Mysterium: Maria ist zum Gefäß Gottes geworden.

Die Situation Josefs, so vermittelt uns das Bild, ist unvergleichlich viel schwieriger. Sie ist durch den schmerzhaften Konflikt und seine Unlösbarkeit gekennzeichnet.

II.

Bei aller unvergleichlichen Einmaligkeit dieser Josef-Situation hat sie paradoxerweise doch etwas Archetypisches, etwas urbildlich Vergleichbares mit der Situation eines irdischen Vaters, dessen Frau ihr erstes Kind erwartet.

Die Schwangerschaft der Frau ist selbst für den Erzeuger des zu erwartenden Kindes im Grunde etwas Fremdes, ja häufig sogar etwas den Mann Verunsicherndes im Hinblick auf seine Zugehörigkeitsgefühle und sein Treueversprechen der geliebten Frau gegenüber. Erotische Liebe ist für den Mann emotional von aller Vaterschaft weit entfernt. Die Frau, nicht das Kind, steht im Mittelpunkt seines Fühlens und Wollens. Selten wartet der Mann wie die Frau und mit ihr gemeinsam in der gleichen Spannung, bis ihr die Schwangerschaft gewiß ist, eher wird er durch die Mitteilung der Frau, daß sie ein Kind erwartet, überrascht. Und viele Frauen berichten, daß ihre Männer – selbst wenn die Kinder erwünscht waren – ähnlich reagieren wie die spanische Künstlerin den heiligen Josef dargestellt hat: mit Ratlosigkeit. Es kommt etwas auf den Mann zu, das er oft nicht sofort und uneingeschränkt mit selbstverständlichem Jubel begrüßen kann: Ein Fremdes beginnt sich in die schier vollkommene, harmonische Zweisamkeit zwischen Mann und Frau einzudrängen. Für die Frau ist von nun an nicht mehr der Mann der alleinige Beglücker und Teilhaber. Sie trägt in sich einen besonderen Schatz, der den Mann teilweise aussondert, ein Wesen, das ihn in gewisser Weise der Frau entfremdet, das ihre Vollkommenheit zerstört, das als ein durch und durch artfremdes Element empfunden wird.

Auch der leibliche Vater begreift sich mit Recht nicht als der eigentliche "Macher" des Kindes. Auch als leiblicher Vater wird er vielmehr bereits mit einem Mysterium konfrontiert, das er in seiner Tiefe nicht ganz verstehen kann. Was soll der Mann mit dieser durch ihre Schwangerschaft verklärten und ihm irgendwie entrückten Frau? Was kommt da auf ihn zu?

Die schwangere Frau heimlich zu verlassen, ist deshalb wohl durch alle Zeiten hindurch ein Impuls bei werdenden Vätern, der viel häufiger ist, als Frauen sich das träumen lassen. Schwangerschaft ist und bleibt ein Frauenmysterium, das den Mann ausschließt, das die Frau zu einer Gott unmittelbar Nahen macht; denn selbst das irdisch gezeugte Kind ist dennoch ein Geistkeim des Schöpfers selbst, eine einmalige Kreation seiner Kraft und seines Willens. Das ist in der Tat, auch wenn es scheinbar mit rechten Dingen zugeht, vor den Kopf stoßend; das ist im Grunde zum Weglaufen, wie es ja auch immer wieder angesichts der Eröffnung, daß die Frau ein Kind trägt, Männern neu geschieht. Seit Urzeiten ist in dieser Lage mancher Mann auf die fürchterliche Idee gekommen, die Frau zu überreden, das werdende Kind zu vernichten, um die ungetrübte Zweisamkeit wieder herzustellen. Und immer wieder geschieht auch einmal das ganz Grausige: Daß ein Mann eine Frau umbringt, weil sie von ihm ein Kind erwartet.

Aber noch ein weiterer Aspekt ist in dieser Bilddarstellung mit umfaßt: Die Schwierigkeit des modernen, zum naturwissenschaftlichen Denken erzogenen Mannes mit dem Glauben an das Mysterium der Jungfrauengeburt Jesu. Die Biologen wissen: Eine sogenannte Parthenogenese beim Menschen ist von der Naturwissenschaft nicht einmal theoretisch denkbar. Das Kind würde dann immer weiblichen, niemals männlichen Geschlechts sein können, da das Y-Chromosom des Mannes immer vom Vater stammt. Und da in einem Zeitalter, in dem es so viele Bemühungen gegeben hat, die Entstehung der Schöpfung als ein Produkt aus "Zufall und Notwendigkeit" (J. Monod) zu erklären, in der Gott überflüssig zu sein scheint, ist es für den wissenschaftlich unterrichteten Mann der Moderne gewiß noch unglaubhafter, sich die Fleischwerdung Gottes aus dem Schoß der "reinen Magd" vorstellen zu können.

Wenn bei dieser Sichtweise eine Reduktion des männlichen Seins gewissermaßen auf eine Art Sextanerlogik stattfindet, geschieht Verengung – mit unserem Bild könnte man geradezu sagen eine Ummauerung der Seele des modernen Mannes, die ihm den Blick in die offene Weite der Erkenntnismöglichkeit verstellt; denn wer das Wunder, das an Maria geschah, für ausgeschlossen hält, kann gewiß auch kein Gespür für die Wundertaten von Jesus Christus, für seine Totenerweckungen und gewiß auch nicht für den Auferstehungsglauben entwickeln. Die hoffnunggebende Weitung von Herz und Verstand durch die zentrale Aussage des Christentums geht dann unweigerlich verloren. Und unser Bild läßt ahnen: Nicht mehr Freiheit, sondern das Zuschlagen eines jetzt noch weit geöffneten Tores wäre dann die Folge.

Mit Josef steht besonders der Mann der Moderne vor der Entscheidung zwischen Gottvertrauen und Selbstbezogenheit.

Die Eingebung des Engels

*Während er noch darüber nachdachte,
erschien ihm ein Engel des Herrn im Traum
und sagte: Josef, Sohn Davids,
fürchte dich nicht,
Maria als deine Frau zu dir zu nehmen;
denn das Kind, das sie erwartet, ist vom Heiligen Geist.
Sie wird einen Sohn gebären;
ihm sollst du den Namen Jesus geben;
denn er wird sein Volk von seinen Sünden erlösen.
Dies alles ist geschehen, damit sich erfüllte,
was der Herr durch den Propheten gesagt hat:
Seht, die Jungfrau wird ein Kind empfangen,
einen Sohn wird sie gebären,
und man wird ihm den Namen Immanuel geben,
das heißt übersetzt: Gott ist mit uns.
Als Josef erwachte, tat er,
was der Engel des Herrn ihm befohlen hatte,
und nahm seine Frau zu sich.*
(Mt 1,20-24)

I.

Zu der qualvollen Situation des ersten Bildes steht das zweite in einem befreienden Gegensatz. Eine Entspannung ohnegleichen kennzeichnet es. Der Engel weist Josef seine Aufgabe zu. Er erscheint dem Josef im Traum und vermittelt ihm die Einsicht, daß er vertrauen darf, daß die Herkunft des Kindes göttlich ist und daß auch er und nicht etwa die Mutter Maria allein in das wunderbare Geschehen einbezogen ist, ja daß er, Josef, ebenfalls einen göttlichen Auftrag hat.

Die Verzweiflung der Ausgeschlossenheit verwandelt sich – die Künstlerin hat das meisterlich zum Ausdruck gebracht – in befreite Beseligung. Josef erfährt: Es handelt sich um eine Verfügung des Herrn, um eine Auszeichnung, die auch ihm gilt. Da der Zweifel Josefs so tief und die Kenntnis über Marias Schwangerschaft so bitter, so mißtrauisch machend war, ist die Überraschung durch die Vermittlung der Wahrheit doppelt erlösend und befreiend. Der Gesichtsausdruck Josefs besagt, daß das zersetzende Grübeln nun mit einem Schlag ein Ende hat, daß die Gefahr der Verengung überwunden ist und einem tief beglückenden Wissen weicht, in der Ordnung Gottes zu ruhen und gleichzeitig von ihm zu einer großen Aufgabe berufen zu sein.

Die Künstlerin hat das sinnbildlich dargestellt, indem sie Josef auf einem Hochplateau in einer Art Felsengrotte gelagert sein läßt. Josef ist durch seine Vaterrolle ins Hochland göttlicher Nähe und gleichzeitig in eine Bergung durch IHN versetzt worden. Und obgleich der erhobene Zeigefinger des Engels eine Gebärde der Verpflichtung darstellt, sind durch die göttliche Zuweisung alle Ängste verflogen. Das herrliche Verkündigungswort "Fürchte dich nicht" vermittelt dem Mann Josef die Sicherheit eines Aufgehobenseins in einem Gottvertrauen, das ihn mit der Kraft für seine künftige Aufgabe beschenkt.

II.

Trotz des einmalig Überdimensionalen des Geschehens läßt sich doch auch hier eine Parallele zu anderen Vätern herstellen. Auch sie bedürfen eines inneren Werdeprozesses von einem ersten unangenehmen Berührtsein hin zum beglückenden Bewußtsein von Gottes Führung und Segnung. Auch sie spüren, wenn ihnen noch nicht alle religiösen Instinkte abhanden gekommen sind, daß sie durch die Schwangerschaft ihrer Frau Mitgemeinte, Miterhobene vor Gott sind.

Ein solcher Blitzstrahl des alle Zweifel ausräumenden religiösen Erlebnisses, eine Einsicht im Gebet, bei einem besonderen Geschehen oder einer Begegnung – hat in der Geschichte des Glaubens immer wieder ungläubige "Kopf-Menschen" getroffen, so daß alles quälende Grübeln aufhörte und der Radikalität eines durchleuchteten Auftragsbewußtseins wich.

Es gab und gibt viele solche Heiligen, die von der Stunde mystischer Erfahrung an mit ungeteilter Sicherheit ihren neuen Weg im Gehorsam des Auftrags antreten. Wir brauchen nicht erst die ganz Großen wie Niklaus von Flüe, Rupert Mayer, Dietrich Bonhoeffer oder Edith Stein zu bemühen. Unzählig sind die Missionare, Prediger, Propheten, und auch gänzlich unbekannte Josef-Männer des Alltags, an die der Ruf erging, den Christus unserer Tage durch die Tötungsversuche des altbösen Feindes hindurchzutragen und zu retten, und die trotz aller Aktivitäten beseligt in der bergenden Ordnung Gottes ruhen und die ihnen zugedachte Aufgabe erfüllen.

Bild III

Herbergssuche

*In jenen Tagen erließ Kaiser Augustus den Befehl,
alle Bewohner des Reiches in Steuerlisten einzutragen.
Dies geschah zum erstenmal;
damals war Quirinius Statthalter von Syrien.
Da ging jeder in seine Stadt, um sich eintragen zu lassen.
So zog auch Josef von der Stadt Nazaret in Galiläa
hinauf nach Judäa in die Stadt Davids, die Bethlehem heißt;
denn er war aus dem Haus und Geschlecht Davids.
Er wollte sich eintragen lassen mit Maria,
seiner Verlobten, die ein Kind erwartete.*
(Lk 2,1-5)

*Er kam in sein Eigentum,
aber die Seinen nahmen ihn nicht auf.*
(Joh 1,11)

I.

Dieses dritte Bild zeigt Josef als den Vorangehenden, den Aktiven, den Anklopfenden. Die Herbergen von Betlehem schließen sich ihm und seiner hochschwangeren Maria aber nicht auf. Der Gesichtsausdruck Josefs ist nachdenklich rätselnd. Wieso diese Abweisung der Welt angesichts des Kommens des Erlösers? Wiederum zeigt dieses Bild: Nicht gemeinsames Fragen ist dies. Maria ruht leicht gebeugt, vielleicht ein wenig erschöpft, aber doch geduldig, in passiver Selbstverständlichkeit auf einem Reitesel. Sie hat selbst beim Nahen ihrer schweren Stunde keine Probleme. Sie steht unverrückt im "fiat mihi", der großen glücklichen Ergebenheit des Gottgehorsams. Aber Josef braucht die Herberge! Er trägt die Verantwortung! Er braucht eine Stätte der Geburt für dieses Kind Gottes! Er steht mit festen Füßen, auf den Stab gestützt, in dieser Aufgabe; aber sein Kopf ist nicht nur zu der Tür lauschend geneigt, die hart verschlossen bleibt. Sein Ohr ist auch lauschend nach oben gerichtet. Josef fragt Gott: "Wieso läßt DU zu, daß sich DIR die Welt verschließt, die doch DEIN Eigentum ist?"

Unsere spanische Meisterin hat uns mit diesem Bild wiederum durch seine Gestaltung archetypisch verdeutlicht: Auch in dieser Situation ist Josef eigentlich allein. Um das sichtbar zu machen, ist Maria hier in den Hintergrund gesetzt. Sie ist eingehüllt und getragen von der vitalen Wärme ihres hochschwangeren Zustandes. Sie ruht wie in einem Sattel in einer von Josef entfernten glücklichen Versunkenheit. Sie bleibt frei von der Sorge in der offenen Landschaft. Er hingegen steht in der direkten Konfrontation mit einer sich abweisend verhaltenden Welt.

II.

Den Vätern irdischer Kinder ergeht es gewiß nicht so drastisch wie Josef in Betlehem; aber stimmungsmäßig doch oft auch ähnlich. Mit jubelnden Empfangsfanfaren öffnen sich dem jungen Ehepaar selbst die modernen Gebärkliniken nicht. Da ist oft viel kaltherzige Bürokratie zu überwinden, da ist oft Unerwünschtheit über die unpassende Nachtstunde oder den unpassenden Feiertag, da gibt es auch manche Abweisung beim vorandrängenden Bemühen der Väter. Auch moderne Väter stehen anläßlich der Geburtsstunde oft mit einem ähnlich rätselnden Blick und einer ähnlich neuen Unsicherheit da. Ist dies denn ein angemessenes Verhalten angesichts eines ihnen so ungewöhnlichen Ereignisses, eines solch göttlichen Mysteriums? Die geschäftige Fachwelt hat auch heute für eine solche Stimmung des jungen Paares in der Abgeschliffenheit ihres Berufsalltages wenig Gespür und Mitempfinden.

Und wie allgemein gibt es eine kinderfeindliche Sperre gegen die junge Familie in unserer modernen Welt! Wie wenig ist sie bereit, einem die Familie bejahenden Mann und der Mutter mit dem Kind ehrfürchtige Reverenz zu erweisen! Immer seltener wird die Josefhaltung des sich verantwortlich fühlenden Familienvaters heute! Wie brutal leichtfertig werden heute Frauen stattdessen genötigt, ihre Kinder abzutreiben. Und den modernen Familienvätern wird ebenfalls wenig Anerkennung geschenkt. Wohnungssuchenden Familienvätern mit kleinen Kindern bleibt auch heute vielfach der Zugang zur Bleibe versperrt: Kinder sind bei Hausbesitzern unerwünscht. Auch der moderne Vater klopft da oft genug vergeblich an. Unsere Welt heute fordert es zwar mit Recht dem Josef-Mann ab, sich aktiv in die "Familientätigkeit" einzuschalten; aber in der Realität verschließt sich ihm die Berufs- und Karrierewelt rasch und grausam, wenn er seiner Familie Vorrang einräumt. Vater und Mutter sind heute – wie Josef und Maria damals – mißliebige, weil unbequeme Figuren. Man läßt sie auch hierzulande noch immer benachteiligt im Wind stehen. Sollen sie doch sehen, wie sie mit ihrem Nachwuchs zurechtkommen!

Bild IV

Die Geburt Jesu

*Als sie dort waren, kam für Maria die Zeit ihrer Niederkunft,
und sie gebar ihren Sohn, den Erstgeborenen. Sie wickelte ihn in Windeln
und legte ihn in eine Krippe, weil in der Herberge kein Platz für sie war.*

*In jener Gegend lagerten Hirten auf freiem Feld
und hielten Nachtwache bei ihrer Herde.
Da trat der Engel des Herrn zu ihnen,
und der Glanz des Herrn umstrahlte sie.
Sie fürchteten sich sehr, der Engel aber sagte zu ihnen:
Fürchtet euch nicht, denn ich verkünde euch eine große Freude,
die dem ganzen Volk zuteil werden soll:
Heute ist euch in der Stadt Davids der Retter geboren;
er ist der Messias, der Herr.
Und das soll euch als Zeichen dienen: Ihr werdet ein Kind finden,
das, in Windeln gewickelt, in einer Krippe liegt.
Aber plötzlich war bei dem Engel ein großes himmlisches Heer,
das Gott lobte und sprach: Verherrlicht ist Gott in der Höhe,
und auf Erden Friede bei den Menschen seiner Gnade.*

*Als die Engel sie verlassen hatten und in den Himmel zurückgekehrt waren,
sagten die Hirten zueinander: Kommt, wir gehen nach Betlehem,
um das Ereignis zu sehen, das uns der Herr verkünden ließ.
So eilten sie hin und fanden Maria und Josef
und das Kind, das in der Krippe lag.
Als sie es sahen, erzählten sie, was ihnen über dieses Kind gesagt worden war.
Und alle, die es hörten, staunten über die Worte der Hirten. (Lk 2,6-18)*

I.

Zum zweiten Mal in unserer Bilderserie folgt nun der Darstellung verzweifelter Ratlosigkeit ein wunderschönes Bild der Entspannung. Das Jesuskind ist in seinem betlehemitischen Stall zur Welt gekommen, und Josef zeigt es stolz den hinzugeeilten Hirten. Wer den Werdeprozeß Josefs durch die ersten drei Bildfolgen nachvollzogen hat, muß geradezu beglückt sein von der Darstellung. Kerzengerade, wie über sich selbst hinausgewachsen ist Josef hier nicht nur Maria ganz nahe, sondern auch der erstarkte Beschützer, ja – der Gesichtsausdruck gibt es unumwunden wieder – der beglückte, demütig erhobene Vater! Während er mit der rechten Hand das Jesuskind zart aufdeckt, umschließt er mit dem linken Arm den anbetenden Hirten und berührt mit seinem Mittelfinger dessen Zeigefinger, so, als wollte er nachdrücklich sagen: Ihr Hirten, ihr seid von nun an mit eingewoben in das große Geheimnis der Engelsbotschaft: Fürchtet euch nicht; denn dies ist der Erlöser der Welt!

Eine große Geschlossenheit geht von diesem Bild aus. Angesichts des glücklich zur Welt gebrachten Kindes sind alle Zweifel verflogen. Josef hat seinen erhabenen, seinen wichtigen, zentralen Platz in diesem weihnachtlichen Geschehen gefunden und angenommen. Seine Aufgabe bringt ihn in die Nähe der Tiere, das heißt symbolisch, seine Beschützerinstinkte sind voll erwacht. Und gleichzeitig überkrönt seine Gestalt mit dem strahlend beglückt ernsten Antlitz die Heiligkeit der Szene. Der Auftrag Josefs – so wird damit ausgedrückt – ist nun mit Händen zu greifen. Er hat seinen Platz in dem überdimensionalen Geschehen eingenommen. Er gehorcht dem Engelswort seines Traumes und steht so – allen Zweifeln und Konflikten weit entrückt – fest, stark und friedvoll im Einklang mit seiner Bestimmung. Die Geburt des Heilandes ist auch Josefs große Stunde. Auch er ist, gemeinsam mit Maria, bereits getragen vom Ausstrahlen des Charismas des göttlichen Kindes in ihrer unmittelbaren Nähe. Andächtige, überzeugte Einwilligung in das gänzlich außergewöhnliche Schicksal kennzeichnet die Gesichtszüge und die Körperhaltung des heiligen Josef während der Anbetung des Jesuskindes durch die wissenden Hirten.

Ein weiterer Aspekt, der Josef stärkt, kommt besonders symbolträchtig im Bildhintergrund zum Ausdruck: Eine weibliche Gestalt mit einem mächtigen Krug in den Händen ist im Begriff, sich der Szene zuzugesellen. Soll hier das Taufgeschehen symbolhaft vorweggenommen werden, oder ist an eine Stärkung oder Reinigung des Paares gedacht? Auf jeden Fall wird angedeutet, daß die Isolation, in der sich das Paar während der Schwangerschaft und der Geburt des Kindes befand, nun zugunsten hilfreicher Aktionen fernerstehender Menschen aufgelöst ist. Der neue Status öffnet das Paar als Familie zur Welt hin, eine Gegebenheit, die auch im geöffneten Torbogen, durch den die drei Menschen offenbar hinzugetreten sind, angedeutet ist.

II.

Auch hier gibt es gewiß viel Analoges. Auch andere Väter sind häufig ähnlich erschöpft und stolz zugleich, wenn ihr Kind glücklich geboren ist. Die Angst vor der Entzweiung durch das Kind ist verflogen. Das Leben des Vaters hat nun einen tiefen, neuen, heiligen Sinn: Er muß dieses Kind und seine Mutter unter seinen breitfaltigen Mantel nehmen, ja, mit den Mittlern zum Heil, den Menschenhirten, sprich Priestern, fühlt er sich geistlich verantwortlich für dieses sein neugeborenes Kind. Fast erweckt das Bild der Meisterin den Eindruck, als neige Josef sein Antlitz dem dunkelhaarigen Hirten zu, als wolle er, ihn leicht berührend, sagen: Du mit deinem Hirtenstab, du, der du der himmlischen Weisheit nahe bist, hilf mir bei der Erziehung des göttlichen Kindes, damit es auf den rechten Weg geleitet wird.

Vaterglück, Vaterstolz, aber auch schon so etwas wie eine delegierende Zuweisung an kluge Lehrer lebt in dieser Darstellung der heiligen Nacht auch als eine Aufforderung für Väter schlechthin. Angesichts des Miterlebens der Geburt seines Kindes, angesichts der Freude über das Wunder eines Neugeborenen wird auch der leibliche Vater erst wirklich befähigt, seine Vateraufgabe voll zu übernehmen und mit seiner Frau zu einer neuen Gemeinschaft, der Familie, zusammenzuwachsen. Auch für den modernen Mann ist angesichts des nun vorhandenen Kindes seine Unsicherheit, vielleicht auch mancher Hader über die "Störung" durch das Kind, manche Zukunftssorge und mancher Zweifel in seine väterlichen und erzieherischen Fähigkeiten verflogen. Die Heiligkeit der Situation erschüttert und bewirkt gleichzeitig hoffnungsfrohe Zuversicht. Auch der gewöhnliche Vater zweifelt nun nicht mehr länger, daß es verständige Helfer geben wird, die ihm bei seinem schönen und verantwortungsschweren Vaterauftrag zur Seite stehen werden.

Diese Gegebenheit spiegelt die veränderte Situation auch des modernen Josef wieder, dem ein Kind geboren ist: Auf einmal ist viel Kommen und Gehen – ganz gleich, ob die Geburt zu Hause oder in der Klinik stattfand, ganz gleich ob die Schwangerschaft vorher belächelt oder in Frage gestellt wurde. Auch unsere moderne Umwelt läßt sich glücklicherweise immer noch anrühren vom Mysterium des neugeborenen Kindes. Auch in der modernen Wochenstube herrscht freudige Bewunderung, Identifikation mit der Beglückung der Eltern, aber nicht nur der Mutter, sondern auch neidlose Freude mit dem Vater, Bemühung um hilfreiches Tun, Darbringen von Geschenken und ein sich Solidarisieren der Umwelt mit der schutzbereiten Vateraufgabe: Mutter und Kind hilfreich zur Seite stehen zu wollen.

Das neugeborene Kind öffnet die Herzen der Menschen, solange sie noch nicht ganz erkaltet sind. Das Mysterium schlägt gewissermaßen durch. Es umfaßt die Umwelt solidarisch in einer generellen, alle miterhebenden Hoffnung, weil das Kind eben archetypisch das Prinzip Hoffnung schlechthin verkörpert. Besonders der im Vordergrund kniende, ergraute Hirte verdeutlicht diesen Zusammenhang. Seine irdische Vergänglichkeit ist angesichts des ihm von Josef gezeigten Kindes entmachtet.

Bild V

Die Beschneidung

*Als acht Tage vorüber waren
und das Kind beschnitten werden sollte,
gab man ihm den Namen Jesus,
den der Engel genannt hatte,
noch ehe das Kind im Schoß seiner Mutter empfangen wurde.
(Lk 2,21)*

I.

Es ist kein Zufall, daß in dieser Darstellung der Beschneidungsszene Josef das Jesuskind dem den rituellen Akt vollziehenden Priester hinhält und so in den Mittelpunkt der Szene gerückt erscheint. Seit der Festlegung der mosaischen Gesetze galt und gilt im Judentum die Beschneidung für jeden Angehörigen des jüdischen Volkes als eine Kennzeichnung der Auserwählung Israels durch Gott. Die Beschneidung ist symbolisch eine Voraussetzung für die Aufnahme des Neuankömmlings in den Bund, den Gott Jahwe in mosaischer Zeit mit Israel schloß. Symbolisiert durch die Entfernung der das Glied umhüllenden Haut ist sie ein Zeichen dafür, daß das Kind, seiner rohen Natur entkleidet, der Zugehörigkeit Gottes anheimgestellt wird. Pars pro toto soll ein Stück des unkultivierten Naturtriebes zwecks einer höheren Weihe, einer Einbindung und Veredelung geopfert werden. Und das ist eine sehr männliche Angelegenheit, und deshalb steht Maria hier, wenn auch betend und mit leidendem Gesichtsausdruck, mehr im Hintergrund der Szene. Josef hat hier aber nicht nur in tapferer Behutsamkeit die Vaterrolle inne, es ist in dieser Szene abermals das Tragische seiner hohen Lebensaufgabe sichtbar. Über die Stellvertretung der beiden Priester hinaus, hält Josef das Jesuskind gewissermaßen dem hin, der der eigentliche Vater des Knäbleins ist: dem Gott Jahwe. Er tut es in zarter Beugung von Schultern und Haupt mit hingegebenem, offenem Mund und sichtlich in tiefer Gefühlsbeteiligung. Eine andächtige Bejahung durchleuchtet diese Josefgestalt, in heilig ernster Beteiligung an seine Aufgabe hingegeben. Er selbst ist in das Ritual der Opferung des menschlichen Eigenanspruchs einbezogen. Er selbst durchleidet es, wie das Kind in seinem Arm, das nun den Namen Jesus erhält und das damit eine von Josef losgelöste Identität bekommt. Auch diese, von Gott direkt aufgetragene Namengebung, weist über den Vaterstellvertreter Josef nachdrücklich auf den wahren Vater hin; denn Jesus, aramäisch Jeschu, hebräisch Jehoschua oder Joschua, bedeutet schließlich: "Jahwe ist Hilfe, ist Rettung und Heil."

In diesem Sinne ist manche Einzelheit in der Bilddarstellung von Belang: Obgleich durch das Tragen des Kindes in den Mittelpunkt des Geschehens gerückt, ist die Josefgestalt die am meisten gebeugte. Alle anderen Gestalten überragen ihn in dieser Szene. Er steht mit dem Kind am Tisch des Herrn, und gleichzeitig reicht er es wie in eine helle Öffnung des Raumes hinein, während das Elternpaar noch in einem dunkleren, umschlosseneren Teil des Raumes verharrt. Der die Beschneidung vollziehende Priester erhebt in einer – vermutlich die Anwesenheit Jahwes beschwörenden – Gebärde die Hände, und der begleitende Priester entfaltet eine Papyrusrolle, die vermutlich den Text des mosaischen Gesetzes enthält. Das will sagen: Das Kind wird eingebunden in die durch Gott gegebenen alten Vorschriften und in die Hand des lebendigen Gottes überstellt.

II.

In Israel steht bei der rituellen Beschneidung jüdischer Kinder auch heute noch der Vater stark im Vordergrund, und auch bei der Säuglingstaufe christlicher Kinder tritt der Vater sehr hervor – letztlich in einer urtypisch ähnlichen Funktion wie Josef auf unserem Bild. Der Vater hat ganz allgemein seine Kinder letztlich Gott zu überantworten und seiner Gnade und reinigenden Kraft anheimzugeben. Auch der leibliche Vater hat in Ritualen dieser Art als der demütige Akteur zu fungieren, der sich aber gleichzeitig als der Alleinbestimmer des Kindes mit Hilfe des rituellen Aktes ausdrücklich zurücknimmt. Jedem Vater tut es gewiß gut, sehr bewußt eine solche Opferung seines eigenen Willens beim religiösen Ritual zu vollziehen, um nicht in die Gefahr zu geraten, die erzieherische Gewalt über das Kind eigenmächtig an sich zu reißen. Väter, die ihren Söhnen und Töchtern keine eigene Identität zubilligen, die Gott nicht als den eigentlichen Vater anerkennen, die sich der Erkenntnis verweigern, daß jedes Kind Eigentum Gottes bleibt, geraten oft in die große Gefahr, ihre erzieherischen Kompetenzen zu überschreiten. Sie bringen das Gedeihen nicht demütig genug in einen ehrfürchtigen Zusammenhang zum Heilswillen des himmlischen Vaters und versuchen einzugreifen und überzugreifen, ohne die Gottbestimmtheit des Kindes hinreichend zu respektieren. Dann kommt es später häufig zu gefährlichen Verbiegungen der Kinderseele, weil der Vater unfromm und uneinfühlsam die ihm gesetzten Grenzen überschreitet. So zwang ein Akademiker seinen Sohn nach dessen Abitur zum Studium an der Technischen Hochschule, weil ihm der Ingenieurberuf am aussichtsreichsten zu sein schien und nach seiner Meinung eine lukrative, angesehene Position gewährleistete. Der Sohn geriet in eine depressive Krise, als er bemerkte, wie wenig das technische Studium seiner Begabung entsprach. Er fürchtete die Unerbittlichkeit seines Vaters so sehr, daß ihm seine Situation ausweglos erschien, und so unternahm er einen – glücklicherweise mißlungenen – Selbstmordversuch. In der psychotherapeutischen Behandlung erkannte er, daß seine Hauptbegabung musischer Art war und lernte zu verstehen, daß die Notwendigkeit, "mit seinen Pfunden zu wuchern" als ein Auftrag von Gott vor den eigensüchtigen Ansprüchen des Vaters nach Familienprestige Vorrang haben muß. Es gelang ihm, den Mut zu entwickeln, sich durchzusetzen, weil es auch hier galt, Gott mehr zu gehorchen als den Menschen. Er wechselte auf eine Kunsthochschule und wurde ein erfolgreicher Graphiker. Überblähter, eigenmächtiger, womöglich gar gewaltsam eingreifender Vaterwille macht Kinderseelen oft lebenslänglich krank. Die Haltung des heiligen Josef in dieser Beschneidungsszene ist deshalb auch für Väter aller Zeiten von archetypischer Bedeutsamkeit.

Und wie nötig hätte unsere moderne Männerwelt generell eine solche Einstellung zu der nachgeborenen Generation! Wie sinnreich wäre es, wenn moderne Väter ihre Kinder ganz bewußt Gott "darbringen" würden; das heißt, wenn sich die Verantwortlichen auch wirklich und im wahrsten Sinne des Wortes in die Ver-Antwortung vor Gott stellten! Dann wäre es undenkbar, daß man die Kinder nach eigener Maßgabe allein zu manipulieren, zu dressieren suchen würde, und sie an machtbesessene Ideologen auslieferte. Dann würde Kindern und Kindeskindern nicht mehr ein Berg von Abfall und Umweltzerstörung zugemutet. Dann würde der Sinn religiöser Rituale wieder verstanden werden können auch als vorsorgliche Gegenmaßnahme gegen die Mann-Versuchung zu angemaßter Selbstherrlichkeit und angemaßtem Herrschaftsanspruch über die ihm hilflos ausgelieferten Kinder! Bewußte Frömmigkeit, wie Josef sie hier vollzieht, könnte die Mächtigen davor bewahren, die junge Männergeneration auf Angriffskriege vorzubereiten, sie millionenfach als Kanonenfutter zu mißbrauchen wie Hitler es tat, oder ihnen viel zu früh Entbindung von den Familien zuzumuten, um z. B. auf diese Weise eine kommunistische Weltregierung vorzubereiten, indem man junge Männer als "Veränderungspotential" mißbraucht, wie es in den vergangenen zwanzig Jahren geschah. Bewußte Opferung von versucherischer Eigenmacht an den echten Vätern unserer Kinder würde auch der Maßlosigkeit medizinischer Übergriffe entgegenwirken, seien es Herzverpflanzungen bei Säuglingen oder andere Eingriffe, die das Leben manchmal nur für Stunden oder Wochen verlängern, oder die verantwortungslose Nutzung aller technischen Möglichkeiten in der medizinischen Behandlung der Unfruchtbarkeit oder der Gentechnologie. Verstünden wir wieder den Sinn der großen Rituale – es würden mehr Zukunftschancen und mehr Möglichkeiten zu einem gesegneten Leben entstehen, ist doch die selbstherrliche Anmaßung des "kleinen Gottes der Welt" seine größte überzeitliche Versuchung und Gefährdung.

Bild VI

Vaterglück

*Er wird groß sein und Sohn des Höchsten genannt werden.
Gott, der Herr, wird ihm den Thron seines Vaters David geben.
Er wird über das Haus Jakob in Ewigkeit herrschen,
und seine Herrschaft wird kein Ende haben.*
(Lk 1,32-33)

I.

Tiefe Vaterfreude steht im Mittelpunkt dieses sechsten Bildes. Josef hebt das Jesuskind mit einem beglückten Gesichtsausdruck hoch über seinen eigenen Kopf hinaus. Beide sind einander zugewandt. Sie schauen sich gegenseitig in die Augen, und das Kind macht mit der linken Hand eine greifende Gebärde auf Josef zu, während Maria einige Schritte entfernt neben einem Kinderbett sitzt und der Szene ebenso beglückt wie typisch mütterlich besorgt dem ihr vielleicht sogar ein wenig zu stürmischen Spiel zuschaut. Dennoch ist der Tenor des Bildes von einer friedvollen Freude gezeichnet und bringt eine Phase im Erdenleben von Jesus Christus zum Ausdruck, die viel seltener im Mittelpunkt künstlerischer Darstellung steht als die Madonna mit dem Kind. Die zugehörige Aussage der Bibel (Lk 1,32) weist auf einen eminent wichtigen und urtypischen Vorgang hin: Josef kann das Kind jetzt voll annehmen. Trotz des ersten Schreckens über Marias Schwangerschaft, trotz der Josef zugemuteten, seinen Mannesstolz kränkenden Aufgabe, trotz der ihm so viel Demut abfordernden Bescheidenheit seiner Rolle im Leben des Messias ist das Jesuskind doch auch sein, Josefs Sohn. Josef ist ein Nachfahre aus "Davids Stamm", und Jesus ist vor Gott und den Menschen ein Sproß aus seines Vaters Josefs Geschlecht. Das ist selbst bei Adoptivkindern im Judentum patriarchalische Sitte und läßt Jesus nun auch ihm, dem irdischen Ersatzvater, ganz direkt zugehörig werden. Eine alttestamentarische Prophezeiung, daß der Messias aus Davids Geschlecht sein werde, geht eben damit in Erfüllung. Die Haltung, der Blick, die Gebärde des göttlichen Kindes unterstreichen seine Bejahung dieser inneren Adoption.

Und tiefer noch als es auf den ersten Blick erscheint, deutet die Distanz der Mutter von der Szene zwischen Vater und Sohn und Marias Verharren in der Nähe des Säuglingsbettchens den Weg des männlichen Kindes an: fort von der Mutter hin zur Identifikation mit dem geschlechtsgleichen Vorbild, mit dem Vater Josef. Ja, sinnfälligerweise ist auch das Überschreiten der Figur des Vaters bereits symbolhaft vorgezeichnet: Die Gestalt des Jesuskindes überragt beträchtlich die Gestalt der beiden Erwachsenen. Josef bejaht hier bewußt nicht nur die Aufgabe seiner väterlichen Verantwortung; er reicht das Kind der Höhe – im Grunde bereits dem himmlischen Vater als sein Eigentum – zu. Väterliches Konkurrieren mit dem Sohn, Neid auf sein im wahrsten Sinne des Wortes "hervorragendes" Schicksal, das den Vater Josef weit hinter sich lassen wird, ist ihm anscheinend fremd. Von Versuchungen dieser Art bleibt Josef in demütigem Gehorsam seines Auftrags durch Gott gänzlich unangefochten. Deshalb strahlt vermutlich der Heiligenschein auf diesem Bild so besonders breit und sonnenhaft. In dieser Art von Liebe, die sich selbst gänzlich zurücknimmt und das ihre nicht sucht, erblüht Josefs Heiligkeit zu ihrer vollen Verwirklichung.

Und wiederum wird auch in diesem Bild die Symbolik der Aussage durch das Umfeld unterstützt: Die junge Heilige Familie befindet sich hier offenbar im Schutz des Bürgerhauses von Nazaret. Familiäre Bergung wird damit als Urbasis für das seelisch gesunde Aufwachsen eines Kindes gekennzeichnet. Verantwortungsbewußte Väter und liebevoll anwesende Mütter, festes Haus und warme Bettung, in der Tat, das sind die idealen Grundbedingungen zum Kinderaufziehen – archetypisch für alle Zeit. Und der bergende Schutz des Kindes wird auf diesem Bild ganz besonders dem Josef auferlegt, steht er doch hier gemeinsam mit dem Kind im Inneren des Hauses, in einer für die Familie vermutlich von ihm selbst er-

worbenen festen Burg, im ummauerten Nest, während abermals im Umfeld von Maria, die am weiten Fenster vor einer bergigen Landschaft sitzt, die größere Naturnähe der Frau auch in Beziehung zum Kind angedeutet wird.

II.

Parallelen gibt es aber auch sonst in der Entfaltung von Vaterschaft. Auch der leibliche Vater kann wirkliche Freude an seinem Kind und Freude über seine Vaterschaft erst entfalten, wenn das Kind eine Beziehung zu ihm aufnimmt, ihn von Fremden unterscheidet und sich ihm, indem es ihn immer wieder erkennt, mit ausgestreckten Ärmchen zuwendet. Es bekundet so – durch Zulächeln, durch Jauchzen beim bewegten Spiel mit dem Vater – seine Zugehörigkeit zu ihm, so daß nun echte Verbindung und dadurch Liebesglück in Vater und Sohn erweckt wird. Dabei ist das Nachfolgegefühl in einem Kind männlichen Geschlechts beim Vater wesentlich elementarer ausgeprägt und bewirkt eine Unmittelbarkeit, die bei der Tochter nicht vorhanden sein kann. Der Sohn verjüngt den Vater, er beschenkt ihn mit einer Zukunftshoffnung, die über das persönliche Leben von Vater und Sohn hinausreicht. Der "Stammhalter" ist in ganz irdisch-trivialer Weise bereits Hoffnung auf ein Stück Verewigung, das dem Vater durch den Sohn zuteil wird. Auch im neugebackenen irdischen Vater lebt also etwas von der Gebärde des heiligen Josef, von der Lebensweisheit "Nicht fort sollst du dich pflanzen, sondern hinauf", wie es Nietzsche ausdrückt.

Auch der gewöhnliche Vater hegt eine spezifisch beglückte Vaterhoffnung, eine träumerische Erwartung, ja einen hochfliegenden Anspruch besonders an den Erstgeborenen, der sich später sogar als eine Überforderung erweisen kann, wenn die Vorstellungen des Vaters über die Wesensart des Sohnes von der Realität seines Anders-Seins allzuweit abweichen...

Ja, mehr noch: Alle Beschäftigung des Vaters mit den Söhnen, selbst die ersten etwas rauheren Spiele schon, denen die Mutter beiwohnt, setzen sie in eine gewisse Distanz. Sie weisen der Mutter im Werdegang des Sohnes eine nur für das kleine Kind dominierende Rolle zu, deshalb ist Marias Hand am Kinderbett zusätzlich so symbolträchtig. Und so sehr diese Entwicklung einer Notwendigkeit entspricht, die die Mutter auch entlastet und durch das Erleben der Gemeinsamkeit in der erzieherischen Aufgabe beglückt, sie nötigt ihr doch einen Verzicht ab, der nicht einfach für jede irdische Mutter eine Selbstverständlichkeit ist.

Das ist nun freilich bei einem Säugling noch keine Wirklichkeit. Noch ist das Kind, das gestillt wird, vorrangig in der Abhängigkeit von der Mutter. Und doch zeichnet sich im jauchzenden Miteinander von Vater und Sohn die Ahnung des typischen Schicksals einer Sohnmutter ab; denn keine Herzeloyde darf ihren Parzival für sich behalten, kein Achill lebenslänglich die Mädcheninsel bevölkern, wenn er nicht seelisch krank werden soll. Das männlich-väterliche Element soll naturgemäß in die urtümliche Zweisamkeit der Mutter und dem aus ihr heraus entsprungenen Sohn einbrechen, um seine Männlichkeit in der Identifikation mit dem Vater zum Erstarken zu bringen. Das kurzfristige momentane Spielen und Zärtlichsein am Abend will sich mit wachsendem Lebensalter des Sohnes zu einem breiteren Beschäftigen mit ihm öffnen, damit der Sohn nicht im Muttersohn-Status der Kinderbettchenzeit verbleibt und in seiner Mannentfaltung verkümmert. Jedes Menschenkind bedarf eines Vaters wie Josef, der seine Verantwortung für die Entfaltung des Sohnes ernst nimmt, aber gleichzeitig in echter, christlicher Bescheidenheit den Sohn nicht als seinen Besitz vereinnahmt, den er nach eigener Maßnahme ausformen kann, wie es ihm sein Egoismus eingibt.

Wie nötig hätte es unsere Welt, die Idylle der Heiligen Familie als immer noch gültig anzuerkennen! Als erstes gewiß im Glauben an das Mysterium der Menschwerdung des Gottes der Liebe; aber als zweites, analog dazu, im demütigen, von Josef vorgelebten Annehmen väterlicher Verantwortung unter Akzeptanz der Grundbedingungen für eine seelisch gesunde Basis im Entwicklungsprozeß des Menschen! Auch gewöhnliche Menschenkinder brauchen den Josef-Vater und die Maria-Mutter, das ist überzeitliche Wahrheit! Sie brauchen nicht nur die Mutter sondern auch den Vater, der angesichts des neugeborenen Kindes innerlich sagt: "Herr, es geschehe mir, wie du es willst!" Solch ein Vater würde nicht zulassen, daß seine Frau abstillt und außer Haus voll berufstätig wird. Er würde nicht zulassen, daß sein göttliches Kind zur Fließbandbetreuung in der Kinderkrippe oder bei der Tagesmutter verschwindet. Er würde das ihm von Gott anvertraute kostbare Gut nicht ohne Notwendigkeit an irgend jemanden delegieren oder es gar an jemand anderen freigeben. Der echte Vater – auch der unserer Moderne – weiß, daß er selbst persönlich gefordert ist, wenn ihm ein Kind geschenkt ist. Und der echte, der fromme Vater empfindet das Kind auch nicht egoistisch als eine Last, die er abzuschütteln sucht, sondern er nimmt auch die Freude der Gegenwart des so süßen, schutzbedürftigen Kindes und die ihm entgegenströmende Liebe als das Prinzip Hoffnung schlechthin wahr. Er empfindet die Sorge um das Kind nicht als Abstrich sondern als Gegenstand der eigenen Verwirklichung.

Wie nötig hätte es unsere Welt, am Vorbild Josefs zu lernen, daß die Annäherungen an Huxleysche Zukunftsvisionen einer kaltherzigen Gesellschaft, in der das Wort Vater ebenso unbekannt geworden ist wie das Wort Mutter, höllische Verführung bedeutet, die unweigerlich in die Selbstzerstörung, in die Zukunftslosigkeit führen muß; denn ohne gewachsene Bindungen zwischen Eltern und Kindern, ohne das selbstlose und bedingungslose Schenken von Liebe durch einen verantwortungsbewußten Vater an seine Kinder, ohne seine Bereitschaft zu persönlichem Schutz für die schutzbedürftige Familie, ohne seinen Einsatz für sie kann sie auch in Zukunft nicht aufblühen. Das läßt sich in einer Zeit, in der die Väter scharenweise aus der Verantwortung für ihre Familien davonlaufen, mühelos sogar statistisch nachweisen. Vom Josef dieser Bilddarstellung zu lernen und seiner Haltung verbindlich nachzueifern, das könnte – auch für unsere moderne Zeit in später Stunde – Rettung bedeuten.

Begegnung mit Simeon

*Dann kam für sie der Tag der vom Gesetz
des Mose vorgeschriebenen Reinigung.
Sie brachten das Kind nach Jerusalem hinauf,
um es dem Herrn zu weihen, gemäß dem Gesetz des Herrn,
in dem es heißt:
Jede männliche Erstgeburt soll dem Herrn geweiht sein.
Auch wollten sie ihr Opfer darbringen,
wie es das Gesetz des Herrn vorschreibt:
ein Paar Turteltauben oder zwei junge Tauben.*

*In Jerusalem lebte damals ein Mann namens Simeon.
Er war gerecht und fromm und wartete auf die Rettung Israels,
und der Heilige Geist ruhte auf ihm.
Vom Heiligen Geist war ihm offenbart worden,
er werde den Tod nicht schauen,
ehe er den Messias des Herrn gesehen habe.
Jetzt wurde er vom Geist in den Tempel geführt;
und als die Eltern Jesus hereinbrachten,
um zu erfüllen, was nach dem Gesetz üblich war,
nahm Simeon das Kind in seine Arme und pries Gott mit den Worten:
Nun läßt du, Herr, deinen Knecht,
wie du gesagt hast, in Frieden scheiden.
Denn meine Augen haben das Heil gesehen,
das du vor allen Völkern bereitet hast,
ein Licht, das die Heiden erleuchtet,
und Herrlichkeit für dein Volk Israel. (Lk 2,22-32)*

I.

Der Besuch der Heiligen Familie im Tempel geschieht aus zwei Anlässen. Deshalb hat dieses Bild gewissermaßen zwei Schwerpunkte: Der eine die Darstellung des 40 Tage alten Jesus beim Tempelpriester (Lev 12,4), seine Weihe durch ihn und seine Loslösung vom Eigentumsrecht Jahwes auf jegliche Erstgeburt durch eine Geldgabe (Num 18,16). Das war zu Aarons Zeiten zum religiösen Gebot geworden; denn damals wurde das besondere Eigentumsrecht des Herrn auf jegliche Erstgeburt der Kinder Israels, das einst in Ägypten ein Zeichen ihrer Auserwähltheit, ihrer besonderen Bewahrung durch Gott gewesen war, allein auf die neugegründete Kaste der priesterlichen Leviten begrenzt.

Gleichzeitig hatte der Tempelbesuch der Heiligen Familie die Reinigung der genesenen Wöchnerin zum Ziele. Die Vorschrift gebot, vierzig Tage nach der Geburt eines Sohnes dem Priester "ein Paar Turteltauben oder zwei Tauben" zu überreichen. An dieser Zeremonie pflegte das Familienoberhaupt intensiv beteiligt zu sein. Deshalb auch hält Josef den Käfig mit den Tauben in seiner (verdeckten) rechten Hand und vollzieht mit seiner Linken eine segnende Gebärde. Im Hintergrund befindet sich vermutlich die Priesterschaft, die solche Zeremonien zu vollziehen hatte.

Der zweite Schwerpunkt liegt in dem überraschenden Ereignis, daß der alte fromme Simeon offenbar das Geheimnis der jungen Familie durchschaut, das Kind in seine Arme nimmt und es als den von ihm lange erwarteten Heiland erkennt und preist.

Das Erstaunliche und Bedeutsame dieser Szene wird ganz besonders in Josefs Gesichtsausdruck sichtbar. Sein Antlitz ist von tiefer Freude gekennzeichnet; denn schließlich verstärkt der alte Simeon Josefs Wissen um die Göttlichkeit des Kindes, das in seine Verantwortung gegeben ist. Der Josef-Auftrag wird durch die preisenden, prophetischen Worte Simeons gewissermaßen bekräftigt. Das geschieht nicht nur durch das gehörte Wort, das der alte Weise spricht, sondern auch durch einen eindringlichen Blickaustausch zwischen Simeon und Josef, während Marias Blick mit liebevollem Stolz auf das Kind gerichtet bleibt. Die Begegnung mit Simeon bedeutet für Josef mehr als der Blitz einer Erkenntnis durch seine Worte allein. Sie bedeutet für ihn so etwas wie eine Einbindung des jüdischen Kindes in die Tradition der frommen gottbegnadeten Männer Israels, in die Reihe der den Messias ankündigenden, geduldig erwartenden Propheten, in die Reihe der uralten, unerschütterlich glaubenden, vom Heiligen Geist geführten Einzelnen im auserwählten Volk. Durch Simeons Worte und Simeons Blick wird Josef der Reihe dieser Heiligen zugesellt – der Reihe der gottgehorsamen Urväter. Deshalb ist es gewiß auch kein Zufall, daß diese Szene bei dem Besuch der Heiligen Familie im Tempel geschieht. Zwar ist Josef mittlerweile gänzlich klar, daß Maria eine "reine Magd" ist, die der Reinigung von dieser Geburt, der Geburt des inkarnierten, sündlosen Gottessohnes, nicht bedürftig wäre. Ihm ist vermutlich auch klar, daß dieses Kind nicht vom besonderen Eigentumsrecht Jahwes losgekauft werden müßte. Er weiß, daß dieses Kind das Eigentum Gottes ist, mehr als alle sonstigen bevorzugten Kinder Israels, mehr als jeder Levit, selbst wenn er nicht dem Stamm Levis, sondern seinem, dem Stamm Davids, entspringt. Aber er unterwirft sich dennoch der religiösen Vorschrift. Er hält gewiß die üblichen fünf Silberlinge für den Priester und die Tauben für das Reinigungsopfer seiner Frau bereit. Aber gerade im wissenden Gehorsam gegen das alte mosaische Gesetz stellt er sich – und vor allem auch das Jesuskind – in eine neue Freiheit, die das Gesetz, mitten durch seine Einhaltung hindurch, zu überschreiten befähigt. In symbolischer Vorausschau wird hier besonders in der Begegnung mit dem gesetzestreuen und dennoch für die Inspiration durch den Heiligen Geist hell aufgeschlossenen Simeon bereits etwas vom Zentrum des Auftrags von Jesus Christus sichtbar: in der Treue zum alten Gesetz, durch dieses hindurch, zu einer neuen Freiheit, einer neuen Unmittelbarkeit zwischen Gott und Mensch vorzustoßen.

Durchschauen wir die tiefsinnige Aussage des Tempelganges, so wird auch der gesamte Bildhintergrund in einer besonderen Weise sinnträchtig. Erstmals umgeben Säulen die Szene, mächtige Steinträger auf breit ausladenden Sockeln. In der Tat, so sinnvoll, kräftig, wohlgestaltet und arithmetisch geordnet sollte die Beziehung des verantwortungsbewußten Familienvaters zum Gesetz von Staat und Kirche und zu einer darauf ruhenden Hausordnung seiner eigenen Familie auch sein. Ein Lebensaufbau dieser Art, der wie ein Tempel in Gott gegründet ist, beschenkt mit der Möglichkeit zur Aufwärtsentwicklung, wie sie in dem breitstufigen Aufgang im Hintergrund des Bildes dargestellt ist, ein Aufgang, der in eine Gemeinschaft führt, die zu ihrem Gott unterwegs ist. Andererseits liegt darin die Aufgabe von Kirche und Staat, der einzelnen Familie einen tragfähigen Rahmen zu geben – Freiraum und Führung wohl proportioniert –, der es der Familie ermöglicht, ihren Auftrag zu erfüllen und in das Gemeinwesen einzubringen.

II.

Gibt es Parallelen zwischen dem heiligen Josef und anderen Vätern auch bei diesem so einmaligen Geschehen? Nicht auf den ersten Blick; aber dann wird doch deutlich, daß es grundsätzlich und überzeitlich wohl zum väterlichen Amt gehört, all jene Handlungen vorzubereiten und einzuleiten, die den religiösen und gesellschaftlichen Gepflogenheiten entsprechen. Es ist auch heute im allgemeinen immer noch der Vater, der das Kind in staatliche Register eintragen läßt und seine Geburtsurkunde erwirbt. Es pflegt der Vater zu sein, der das Kind zur Taufe anmeldet und das erste Taufgespräch mit dem Pfarrer führt. Auch am weiteren Lebensweg des Kindes geschehen die notwendigen Regelungen im allgemeinen durch den Vater: die Vorsorge einer Krankenkasse und Unfallversicherung, Anmeldungen zu Schutzimpfungen, Pflichtuntersuchungen, Schulen und kirchlichen Unterweisungen. Dem gesetzlich Notwendigen steht der Vater grundsätzlich näher. Er übernimmt die Verantwortung für sein Kind, er paßt es den Spielregeln und Rückversicherungen der Welt ebenso an, wie er für religiöse Einbindungen Sorge trägt. Das Ordnunghalten gehört überzeitlich in seinen Auftrag. Es fordert besonders von ihm oft große materielle Opfer, die er mit Hilfe seiner Arbeitskraft zu erbringen hat. Und wenn er ein rechter Hausvater ist, sagt er ähnlich wie Josef auf unserem Bild mit heiligem Ernst Ja zu dieser ihm zugewiesenen, so sinnvollen Aufgabe, ohne den Blick für das Wunderbare seines Stellvertreterauftrages zu verlieren.

Geradezu mit Eifer und Leidenschaft möchte man dieses Bild und seinen so schönen und tiefen Gehalt den Vätern der Moderne ans Herz drücken! Wie oft meinen moderne Väter sich als besonders erhaben, als weltmännisch und freiheitlich zu erweisen, wenn sie dem religiösen (und manchmal neuerdings sogar dem staatlichen) Gesetz ihren Tribut verweigern. Sie haben das alles nicht mehr nötig. Warum überhaupt noch heiraten und das leibliche Kind legal in das standesamtliche Register eintragen? Ist es nicht viel einfacher, man übernimmt so viel Verantwortung nicht und beläßt das Kind bei der unangetrauten Mutter? Einem modernen Mann von Welt ist soviel Einengung durch das Gesetz nicht mehr zuzumuten! Und gar erst das kirchliche Ritual der Taufe! Wozu überhaupt? Die Reinigung von der Erbsünde – das braucht nun gewiß nicht zu sein, angesichts der Tatsache, daß man sich als Mann von Welt von diesem Gott Jahwe emanzipiert hat und seitdem auch für sich selbst die Sünde abgeschafft hat. Wieso Reinigung – wovon? Wozu Opfer und Kirchensteuer? Das Geld ist knapp, man braucht's für Freizeit und Karriere. Wozu all das Getue um kirchliche Rituale und staatliche Sanktionen? Dessen bedarf der freie Mann der Moderne nicht. Er ist der Schmied seines eigenen Glücks; er weiß, daß alle Systeme schlimmes Menschenwerk sind – zu Unterdrückungszwecken errichtet. Dem entzieht er sich als einer, der das Ganze durchschaut.

Aber sieht dieser Mann der Moderne, der sich vom Vorbild des heiligen Josef mit verächtlichem Schulterzucken abwendet, wirklich richtig? Wie gedeihen die Kinder der Väter, die doch irgendwann genug davon haben, den illegalen Hausmann zu spielen und sich zu etwas Leichterem, Neuerem, Angenehmerem, Kinderlos-hübschem zurückgezogen haben? Wieviel Gesetzlosigkeit bis zur Anarchie kommt als Bumerang auf die treulosen Väter zurück, wenn diese Kinder erwachsen sind und mit gesetzlichen Ansprüchen ihren Vätern deren Gesetzlosigkeit um die Ohren schlagen? Und wie oft bleibt jeglicher Tempelaufgang, jegliche differenzierte seelisch geistige Aufwärtsentwicklung bei denjenigen Männern aus, die sich in aller lebemännischen Freiheit zu Tode amüsieren?

Die Säulen des Gesetzes demütig anzunehmen, ja sie mitzutragen, wie der heilige Josef es hier tut, das ist die Voraussetzung zur Höherentwicklung – so vermittelt uns in überzeitlicher Wahrheit dieses bewegende Bild auch für die Moderne!

Bild VIII

Die Prophezeiung

*Sein Vater und seine Mutter staunten über die Worte,
die über Jesus gesagt wurden.
Und Simeon segnete sie und sagte zu Maria, der Mutter Jesu:
Dieser ist dazu bestimmt,
daß in Israel viele durch ihn zu Fall kommen
und viele aufgerichtet werden,
und er wird ein Zeichen sein, dem widersprochen wird.
Dadurch sollen die Gedanken vieler Menschen offenbar werden.
Dir selbst aber wird ein Schwert durch die Seele dringen.
(Lk 2,33-35)*

I.

Während das erste Bild der Begegnung der Heiligen Familie mit Simeon die Verbindung von Josef mit dem alten Weisen betont, ist Josef auf dem zweiten ganz auf Maria konzentriert. Er schaut mit besorgtem Blick zu ihr hinab, die mit demütigem Ernst Simeons segnende Worte kniend entgegennimmt. Josef ist in dieser Szene ganz der liebevolle Ehemann, der Kummer von Maria abwenden möchte. Deshalb wohl hebt er seine Hand in einer spontanen, schutzgebenden Gebärde.

Auch dieses Bild wirkt geradezu zweipolig: Obgleich Simeon mit Maria spricht und die große Bedeutung ihres Sohnes ankündigt, ist er doch ganz auf den Heiland in seinen Armen ausgerichtet, während Josefs Blick sich jetzt von Simeon losgelöst hat und Maria zugewendet ist. Es ist, als wolle er sagen: Was wird meiner Maria da zugemutet werden? Wird sie einem offenbar so schweren Mutterschicksal gewachsen sein? Und augenscheinlich bleibt angesichts dieser Sorge alles andere im Hintergrund. Die heilige Handlung der Darstellung des Kindes scheint geradezu entrückt, obgleich der Priester offensichtlich bereits wartet. Auch egozentrisches Fragen, etwa nach dem Motto: Um Himmelswillen, was kommt da auf mich, Josef, als Vater zu, ist für ihn nicht mehr gegeben. Er hält sich hoch aufgerichtet in der unmittelbaren Nähe Marias, er zeigt ihr im wahrsten Sinne des Wortes, daß er bereit ist, ihr bei ihrem schweren Schicksal zur Seite zu stehen. Noch hält er den Käfig mit den zwei weißen Tauben fest in seiner Hand, aber sie sind hier schon mehr als lediglich eine Opfergabe, mit der der Tradition genügt wird. Sie sind bereits ein Symbol des reinen (weißen!) Geistes von Maria und Jesus, die selbst beide als Opfer zur Erlösung der Welt vorgesehen sind. Die Szene ist von tiefer Erschütterung der drei die Zukunft ahnenden Menschen gekennzeichnet.

Auch auf diesem Bild ist der Hintergrund bedeutsam. Er läßt durch die sehr viel dunklere Färbung der Tempelwand den dunklen Aspekt der Simeonaussage erahnen; und er bedeutet auch, daß dieser Weg zum noch verschlossenen Tor des Allerheiligsten ein einsamer Weg sein wird, in der Begleitung nur einiger weniger wissender Menschen. Man vermag nicht zu erkennen, ob die alte Hanna, ob vielleicht Elisabeth oder die Großmutter Anna die vorangehenden Frauen sind. So einsam wie in Betlehem ist das heilige Paar nun nicht mehr, und dennoch wird hier deutlich, daß Josef der eigentliche schützende Begleiter Marias auf ihrem Schicksalsweg und der Mitverantwortliche für das Kind Jesus sein wird.

II.

Josefähnliches im Leben des gewöhnlichen Ehemannes und Familienvaters – gibt es das im Vergleich zu dieser Szene? Nein, unvergleichlich bleibt es in der Unwiederholbarkeit der Menschwerdung Gottes. Und doch wird uns abermals das Ideal eines Ehemannes archetypisch aufgezeigt. Auch das ist freilich nicht die Regel, und ein josefähnliches Verhalten ihren Frauen gegenüber ganz und gar nicht selbstverständlich. In meiner Praxis habe ich ungezählte Berichte von Frauen darüber anhören müssen, wie kläglich Ehemänner versagten, wenn Krankheit, Behinderung, ungewöhnliche Lebensprobleme, gar der Tod eines Sohnes oder einer Tochter oder eine chronische Krankheit der Frau von einem Paar getragen werden mußten. Wie oft rükken Väter von ihren Frauen fort, wenn es schwierig wird, statt zu ihnen hin! Wie oft reagieren sie mit zusätzlicher, belastender Verzweiflung, gehen in den Alkohol, in die Arbeitssucht, in jähzornige Primitivreaktionen. Oft erweist sich bitter angesichts schwerer Schicksalsnot das starke Geschlecht in der Familie als das schwache, als das seelisch weniger tragfähige. Und doch sollte und könnte es anders sein, erzählt unser Bild. Und gelegentlich ist es auch in einem Eheleben wirklich so: daß der Mann wie Josef spürt, wie die Schicksalsnot um das Kind für die Mutter noch schwereres Leid bedeutet als für ihn, den Vater, der nicht so leibnah mit seinen Kindern verbunden war und ist wie seine Frau. Es gibt das auch in der irdischen Wirklichkeit, daß der immerhin doch auch mitbetroffene Vater über seine eigene Egozentrik hinauswächst und in der Stunde der Not seinen Blick ausschließlich auf seine Frau gerichtet hält und ihr beisteht, so wie Josef angesichts der ahnungsschweren Prophezeiung Simeons.

Zu welch einem Vorbild als Ehemann wächst Josef hier empor! Und wie nötig wäre auch in unserer Zeit eine solche Haltung zur Ehe, wie er sie hier zeigt. Daß so viele Frauen mit Verbissenheit darauf versessen sind, sich "autonom" zu machen, um ja nie in das Schicksal zu geraten, womöglich als Mutter von Kindern in die Abhängigkeit eines Ehemannes zu geraten, liegt schließlich zu einem großen Teil daran, daß diese Frauen als Töchter in ihren Vätern den starken, beschützenden Ehemann ihrer Mütter nicht erlebt haben. Ihnen fehlt genau diese Erfahrung: daß die Mutter angesichts von schwierigen Zeiten und Situationen sich auf ihren Ehemann stützen und verlassen kann. Sie haben nicht erlebt, daß der Vater mitfühlte, mitlitt, Sorge mittrug.

Wir brauchen in den modernen Familien weniger den Hausmann als einen neuen Josef, der seinen Kindern vorlebt, wie sich ein Ehemann in Stunden verhält, in denen seine Frau von der Härte des Schicksals getroffen wird. Wir brauchen, daß der Ehemann sich dann als mitleidender Schicksalsgefährte verhält, der sich mit dem Mutterleid seiner Frau voll identifiziert und sie durch sein Dasein, durch sein Sich-Einfügen und sein Sich-Einfühlen voll durchträgt. Würden mehr Töchter so einen Vater erleben, würden sie nicht so mißtrauisch sein gegen die Männer und versessen darauf, ihre berufliche Selbständigkeit wichtiger zu nehmen als ihren Volleinsatz für die Familie, der sie gleichzeitig vom Mann abhängig werden läßt. Die exzessive Emanzipation der Frauen beruht zu einem erheblichen Teil auf dem Versagen des Mannes als Familienvater und Ehemann – besonders in Krisensituationen. Es wäre dringend an der Zeit, am heiligen Josef neue Vorbildlichkeit zu lernen.

Bild IX

Flucht nach Ägypten

*Als die Sterndeuter wieder gegangen waren,
erschien dem Josef im Traum ein Engel des Herrn und sagte:
Steh auf, nimm das Kind und seine Mutter,
und flieh nach Ägypten;
dort bleibe, bis ich dir etwas anderes auftrage;
denn Herodes wird das Kind suchen, um es zu töten. Da stand Josef
in der Nacht auf und floh mit dem Kind und dessen Mutter nach Ägypten.
Dort blieb er bis zum Tod des Herodes.
Denn es sollte sich erfüllen,
was der Herr durch den Propheten gesagt hat:
Aus Ägypten habe ich meinen Sohn gerufen.*
(Mt 2,13-15)

EL ANGEL DEL SEÑOR SE APARECIO EN SUEÑOS A JOSE Y LE DIJO: LEVANTATE TOMA AL NIÑO Y A SU MADRE Y HUYE A EGIPTO Y ESTATE ALLI HASTA QUE YO TE AVISE

I.

Die Geschichte des heiligen Josef besteht aus Stationen der Bewährung in Gottvertrauen und Gehorsam bei seiner Aufgabe als beschützender Ehemann und Vater. Die Flucht nach Ägypten bildet einen Höhepunkt auf diesem vorbildlichen Lebensweg. Josef erhält im Traum die Weisung, das Christuskind durch Emigration vor der mörderischen Angst des Königs Herodes zu bewahren, der den Verlust seiner Macht durch den angekündigten König der Juden befürchtet. Nichts verkündet der Bericht von irgendeinem Schwanken des Familienoberhauptes. Er setzt den Auftrag, den er im Traum erhielt, unverzüglich in die Tat um.

Jeder, der im Gericht des Zweiten Weltkrieges aus der Heimat hat fliehen müssen, weiß, wie unendlich schwer es ist, alles Eigentum, alle vertraute und geliebte Habe hinter sich zu lassen, um nur das nackte Leben zu retten. In unserer Geschichte hier geht es aber um noch Schwereres: Josefs Leben selbst war mitnichten bedroht, ja offensichtlich nicht einmal das der geliebten Frau. Es ging allein um das Kind, gewiß zwar um ein wunderbares und ungewöhnliches Kind; aber immerhin doch nur um dieses, um einen Säugling, der nicht in der Lage sein konnte, selbst die Situation zu erfassen. Das Kind selbst war doch wohl kaum fähig, in bewußter Angst die Todesbedrohung zu empfinden. Wäre Josef egoistisch, geizig, besitzgierig, bequem, rücksichtslos und ungläubig gewesen – er hätte es doch auch mit Leichtigkeit darauf ankommen lassen können, ob die Häscher des Herodes das Kind gefunden hätten. Er hätte doch auch in lachender Abwehr zu Maria sagen können: "Aber hör' doch, Träume sind Schäume. Der Herodes – wie soll er sich unseres Jesus bemächtigen? Schließlich besitze ich ein Schwert, und unser Haus hat feste Türen." Derlei Überschätzungen der eigenen Kraft, derlei Fehleinschätzungen der Gefahr und ein ungläubiges Abtun der Ahnung lag dem Heiligen gänzlich fern. Marias Haltung, wie sie sie bei der Verkündigung des Engels zeigte, war längst auch die Seinige geworden. In demütigem Gehorsam gegenüber Gott handelte er auch hier nach ihrem "fiat".

Besonders eindrücklich wird diese Gegebenheit im Fluchtbild der Künstlerin zur Darstellung gebracht. Während Josefs linke Hand mit leichtem Zugriff das Halfter des Esels faßt und ihn so leitet, hält er – wie zur Wegfindung und zur Verteidigung – mit der Rechten einen Stab umklammert. Aber sein Kopf ist zurückgewendet und mit einem sorgenden Blick auf das Christkind gerichtet, das im Arm seiner Mutter geborgen schläft. Josef schreitet, das kleine Gespann umsichtig führend, zwar voran, aber sein ganzes Sinnen ist darauf gerichtet, das Kind zu bewahren. Seine leicht vorgebeugte Haltung läßt erkennen: Obgleich er die Aufgabe des Führens übernommen hat, sonnt er sich darin nicht in aufgeblähter Selbstherrlichkeit. Er ist auch auf diesem schweren Weg durch die Nacht und durch unwegsames Gelände bereits ein seinem Gott bewußt Dienender.

Indem er plant, indem er vorsorgt (der Esel ist mit allerlei Gepäck beladen), hat er sich fest eingespannt in das Wohlergehen seiner kleinen Familie, in die Lebensrettung des göttlichen Kindes.

Wunderbar sinnfällig fügt sich das Umfeld des Bildes in diese Stimmung Josefs ein. Zwar ist die Nacht dunkel; das heißt, Gegenwart und Zukunft sind ungewiß, wenn nicht gar unheimlich, und doch ist der Weg hell ausgeleuchtet, und Josef geht mit dem festen Schritt seiner breiten Füße auf ihm voran. Auf diesem Bild ist seine Gestalt dem Hals und Kopf des Esels am nächsten; und das bedeutet gewiß mehr noch, als daß er das Tier zu führen hat. Es verdeutlicht auch – ähnlich wie auf dem Weihnachtsbild –, daß in dieser Vateraufgabe sein guter Beschützerinstinkt aktiviert ist, ein Stück getreues Tier in ihm, das das ihm Anvertraute in großer Geduld trägt und umwärmt.

II.

Hier gibt es gewiß viel Analoges zur überzeitlichen Vateraufgabe. Existenznot in jungen Familien hat es in der Geschichte der Menschen sicher häufig gegeben, durch Hungersnot, durch Verfolgung, Naturkatastrophen und ähnliche Schicksalsschläge. Familienväter sind immer wieder zur Flucht mit Frau und Kindern genötigt worden. In solchen harten Zeiten ist väterliche Behütung extrem gefordert, ganz besonders, wenn die Mutter ihren neugeborenen Winzling noch an der Brust trägt. Der junge Vater fühlt dann: Jetzt ist seine Stunde, jetzt ist er gefordert. Jetzt kommt es darauf an, daß er die Ärmel hochkrempelt und dafür sorgt, daß Mutter und Kind sich in seiner Obhut geborgen fühlen, jetzt gilt es zu beweisen, daß er der Familie die Existenzsorge nimmt, daß er seine Gedanken auf diese Pflicht ausgerichtet hält, daß er wach und einfallsreich ist, um Hilf- und Schutzlosigkeit von ihr abzuwenden, daß seine Angehörigen nicht hungern und frieren müssen, daß die ihm Anvertrauten nicht durch wilde Tiere oder mörderische Nachstellungen gefährdet werden, daß ihnen in jeder Hinsicht kein Leid geschehe.

Ich habe an jungen Vätern, besonders deutlich nach der Geburt ihrer erstgeborenen Kinder, oft diesen geradezu heiligen Pflichteifer erlebt, ihren Kräftezuwachs, ganz besonders dann, wenn heikle gefährliche Situationen eintraten, die die väterlichen Beschützerinstinkte wachriefen. Dann wachsen Männer mit ihren verantwortungsschweren Aufgaben in ein Erwachsensein hinein, das ihnen vor der Geburt des Kindes häufig noch fern lag. Die Beschützungsnotwendigkeit gibt ihrem Leben einen kraftvollen Sinn, der es ihnen möglich macht, ihr Amt gekonnt anzugehen. Das Angewiesensein der Mutter und des Kindes auf den Mann lassen ihn beglückt seine Fähigkeit zum verantwortungsbewußten Führen als eine neue Begabung und Verwirklichungsmöglichkeit entdecken.

Beschützende Väterlichkeit dieser Art – wie nötig haben wir sie heute noch! Gefährlich ist es, diese Instinktkraft zu verdrängen, indem wir Frauen den Männern signalisieren, daß wir des Schutzes gar nicht mehr bedürftig sind, daß wir alles allein und besser schaffen: unsere eigene Versorgung und auch die Erziehung unserer Kinder! Da muß dem modernen Vater die Kraft schließlich in der Tat erlahmen. Dann gerät er selbst leichter in die Versuchungssituation und in die Rolle des Herodes. Diesen Geistkeim des Kindes als eine Bedrohung seiner Macht und seiner Freiheit zu erleben und statt Verantwortung zu übernehmen, dem Kind nach dem Leben zu trachten: als Nötiger zur Abtreibung, zur Adoption oder gar als Kindesmißhandler und -mörder! Und in immer weniger Fällen wird er sich dann schließlich noch veranlaßt sehen, den Stab für die kleine schutzbedürftige Familie aufzunehmen.

Es ist eine gefährliche Selbstüberschätzung, wenn die Frauen meinen, jeder Lebenslage allein besser gewachsen zu sein. Wie schnell stoßen sie gerade in Zeiten der Existenzgefährdung an ihre Grenzen und erleben sich als einsam, hilflos und verlassen! Das Leben ist grundsätzlich leichter zu bewältigen, wenn einer des anderen Last trägt! Und wir sollten auch nicht hochmütig übersehen, daß viele angeborene Eigenschaften des Mannes, – seine breiteren Schultern, seine stärkere Muskelausstattung, seine tiefe Stimme, sein (im allgemeinen) besserer Orientierungssinn, seine rascher und stärker aktivierbare Aggressivität – Charakteristika sind, die den Sinn haben, Frauen und Kinder zu beschützen und kämpferisch zu verteidigen, wenn ihr Leben bedroht ist. Schauen wir in unserem Bild auf das Antlitz Marias, dann ist ersichtlich, wie sie sich durch diese väterliche Stärke ihres Mannes entlastet fühlt. Es bedeutet seelischen Verlust auch an ehelichem Glück, wenn wir die sinnvollen Geschlechtsunterschiede für null und nichtig erklären und zugunsten einer absoluten Gleichartigkeit der Aufgabenverteilung aufzugeben suchen!

In der Gestalt des Josef auf der Flucht nach Ägypten wird deutlich, daß Josefs beschützende Vaterschaft eine archetypische, urgeschöpfliche Aufgabe ist. Deshalb sollten wir nicht so leichtfertig und dumm sein, sie heute einfach abschaffen zu wollen.

Bild X

In Ägypten

Dort blieb er bis zum Tod des Herodes.
Denn es sollte sich erfüllen,
was der Herr durch den Propheten gesagt hat:
Aus Ägypten habe ich meinen Sohn gerufen.
(Mt 2,15)

I.

Die Heilige Familie in Ägypten! Das Bild der Künstlerin läßt vermuten, daß Josef für sich und die Seinen eine Bleibe gefunden hat, in der es ihm auch möglich ist, seinem Zimmermannshandwerk nachzugehen, um das Brot für sich und die Seinen zu verdienen. Das scheint zufriedenstellend möglich zu sein; denn im Gegensatz zum Fluchtbild sind Josefs Gesichtszüge hier nicht nur entspannt, sondern gemeinsam mit Maria von tiefer Freude über das lebhafte Kind in den Armen der Mutter erfüllt. Das Bild erweckt den Eindruck, als wenn das Kind, das zunächst die Mutter anblickt, durch den Zugriff der Vaterhand Josefs auf sein linkes Ärmchen, vielleicht auch durch ein den Knaben anrufendes Wort seinen Blick nun, Josef erkennend, zu ihm hinaufwendet. Mit einem glücklichen Lächeln nimmt das Kind wahr, daß es nicht nur von der Mutter, sondern auch von der breiten Gestalt des Vaters wie von einem hohen Wall umgeben ist. Sicher ist es auch nicht einfach Zufall, daß der Kopf des Jesuskindes mit seinem großen, hellen Heiligenschein genau vor Josefs Herzen liegt. Das göttliche Kind ist Josef ans Herz gewachsen, so möchte man die Symbolik des Bildes verstehen.

Dieses ist anscheinend die Voraussetzung, um einst die ägyptische Fremde wieder überwinden zu können. Ägypten – dieses Land steht bereits im Alten Testament für Versklavung, für Verfremdung des auserwählten Volkes, das doch den Auftrag erhalten hatte, sich auf die Suche nach dem eigenen, dem gelobten Land zu machen.

In jedem Mannesleben gibt es ein "Ägypten", ein noch Vereinnahmtsein vom eigenen Egoismus, vom Gefesseltsein an die erdhafte Herrschaft der eigenen Antriebe. Die Liebe und die Verantwortung für das göttliche Kind erst machen Josef zu einem Menschen, zu einem Beauftragten, der von sich absehen kann und so die Möglichkeit bekommt, für das ganze Menschengeschlecht die Verhaftung an die triviale Fremdherrschaft allein irdischer Belange zu überwinden.

Abermals wird diese Bildaussage durch die Gestaltung des Raumes und des Hintergrundes untermalt und vertieft. Die Fremde wird durch zwei in der Ferne emporragende Pyramiden gekennzeichnet, die Grabmale der Pharaonen, historische Zeugen der israelitischen Knechtschaft in Ägypten. Auf dem Hintergrund dieser Vergangenheit, die nicht nur von realer sondern auch von religiöser Verfremdung gekennzeichnet war, bricht Josef mit seiner kostbaren Fracht auf in eine bedeutsame Zukunft, wobei er uns in vielem an die Vorarbeit des ägyptischen Josef erinnert. Jesus, der Sohn Davids, wird durch seine Menschwerdung Israel aus der Knechtschaft der Sünde erlösen. Diese Zukunft erwirkt Josef mit, indem – wie der Arbeitstisch und die Geräte an der Wand verdeutlichen – er sich nicht für sich selbst, sondern für zwei Menschen einsetzt, die auf seine Hilfe angewiesen sind. Dieses Bewußtsein macht das Leben der kleinen Familie vor dem großen Fenster mit einem Ausblick auf den Lebensstrom Nil hell und klar. Dank Josefs ver-

antwortungsbewußter Einstellung ist das göttliche Kind gleichzeitig umhaust, wie das feste Mauerwerk des Raumes und vielleicht sogar auch das Kinderbett hinter Marias Rücken verdeutlichen.

II.

Auch hier gibt es gewiß eine Parallele zur Vaterschaft eines leiblichen Kindes. Nach den aufregenden Zeiten der Wochen nach der Geburt, nach vielleicht auch mancherlei unruhigen Nächten oder Fahrten aus fernen Städten und Kliniken, kehrt nun allmählich der Alltag zurück: Das Brot für die junge Familie muß durch den Vater verdient sein. Das Kind braucht seine Mutter rund um die Uhr. Sie kann nicht und sollte deshalb auch nicht in irgendeinen Arbeitsprozeß, in ein Mitverdienen des täglichen Brotes eingespannt werden. Hier ist der Vater allein gefordert, wenn das Kind das bekommen soll, was für seine seelische Gesundheit unumgänglich ist: Mutters immerwährendes Dasein in der unmittelbaren Nähe des Kindes. Fremdes Land ist diese Lebensweise für den jungen Vater grundsätzlich und archetypisch. Der garstige König Herodes braucht dazu gar nicht erst bemüht zu werden. Der junge Familienvater muß jetzt schaffen, in fleißiger Verantwortung für seine Familie, er muß seine Existenz auf- und ausbauen, damit die Seinen von seiner Hände Arbeit satt werden. Für den Uregoisten aus Adams Stamm bedeutet das Absonderung von der Jungmännergruppe mit ihren häufig noch spielerischen Lebensformen. Es bedeutet, ihnen ein wenig fremd zu werden in seiner Konzentration auf den engen Kreis seiner neuen Angehörigen. Es bedeutet auch Neuland im Hinblick auf seine Lebensgestaltung. Bisher war er mehr oder weniger egozentrisch auf sich selbst und seine Ausbildung bedacht. Die Früchte seiner Arbeit kamen ihm allein zugute. Jetzt ist sein Leben fremd-bestimmt. Ein Großteil seines Einkommens wird von den Seinen verbraucht. Neue fremde Landschaft im Leben des jungen Mannes! Und dennoch wird sein Leben, in dem erstmals Verzicht und Opfer Vorrang bekommen haben, reich belohnt durch die gemeinsame Freude der Eltern an dem aufwachenden und wachsenden Kind. Das Antlitz Josefs läßt erahnen: Der hohe Sinn des Einsatzes macht glücklich und läßt das Leben erfüllt erscheinen, so hart es den Mann durch einen vermehrten Arbeitseinsatz fordern mag.

Für die Moderne hat auch dieses Bild umfänglichen Vorbildcharakter. Wenn viele Männer heute die Verantwortung für die Familie ablehnen, so begründen sie das häufig damit, daß sie ihr Leben nicht unsinnig belasten und beschweren wollen.

"Wo bleiben dann meine schönen Hobbies", fragen sie sich, "mein Tennisspielen, das Segeln, die Nächte mit meiner Clique, die Freiheit schöner Reisen? Das läßt sich ausrechnen: Die bleiben auf der Strecke! Ich kann sie mir an den Hut stecken. Was sind Ehe und Familie anderes als ein Joch? Nein, danke, das können sich andere Hornochsen freiwillig anlegen lassen!"

Aber diese Lebemänner verkennen, daß das Leben, das sich allein trivialen Genüssen verschreibt, schließlich leer und langweilig wird. Wer aus dieser Fremde auszubrechen vermag, wer dazu Ja sagt, von sich selbst abzusehen, um einer überpersönlichen Aufgabe willen, der allein wird das gelobte Land wiedersehen – so verrät das Josefschicksal.

Bild XI

Rückkehr nach Israel

*Als Herodes gestorben war,
erschien dem Josef in Ägypten ein Engel des Herrn im Traum
und sagte: Steh auf, nimm das Kind und seine Mutter,
und zieh in das Land Israel;
denn die Leute, die dem Kind nach dem Leben getrachtet haben,
sind tot.
Da stand er auf und zog mit dem Kind und dessen Mutter
in das Land Israel.
Als er aber hörte,
daß in Judäa Archelaus an Stelle seines Vaters Herodes regierte,
fürchtete er sich, dorthin zu gehen.*
(Mt 2,19-22)

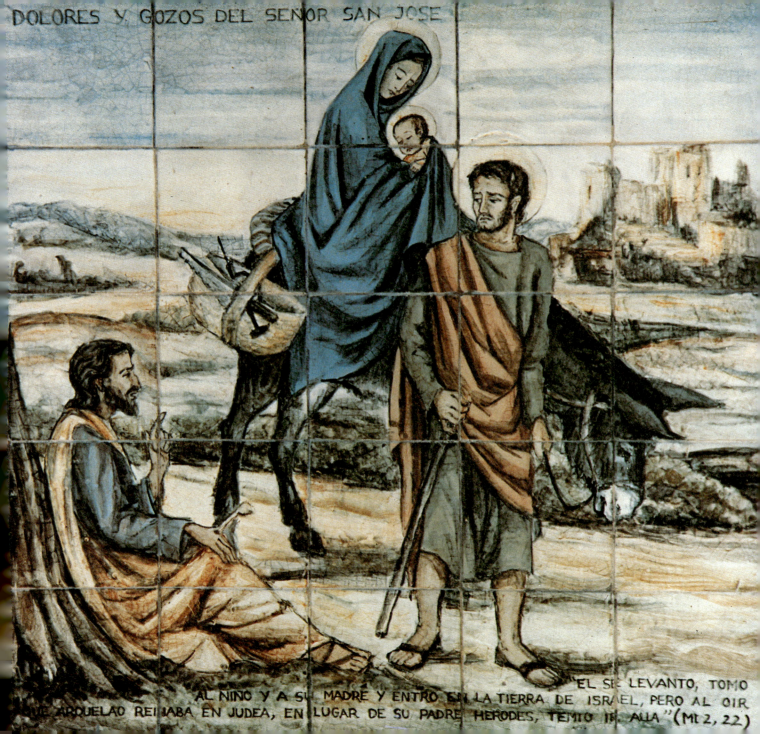

I.

Die Luft ist rein, das Leben im Exil zu Ende! Abermals war Josef im Traum der Engel erschienen, um ihm diese frohe Botschaft mitzuteilen, und er war unverzüglich mit Maria und dem Kind aufgebrochen. Aber als er sich Judäa nähert, trifft er – so erzählt das elfte Bild der Künstlerin – einen Wanderer am Wegesrand, der ihn durch seine Berichte unsicher macht; denn wenn auch König Herodes tot ist, über seinen Sohn wird erzählt, er sei nicht weniger grausam und machtgierig. Mit Recht beginnt Josef sich vor ihm zu fürchten – sein Gesichtsausdruck macht das unmißverständlich deutlich. So beschließt er, eine Rast einzulegen, um zu einer Entscheidung zu kommen. Eine Entscheidung, die anscheinend ganz allein von ihm vollzogen werden muß; denn Maria sitzt in der Fürsorge für ihr Kind, mit dem Gesichtsausdruck stiller Gelassenheit, auf dem Esel und hat ihr Geschick und ihren Weg ganz in Josefs getreue Hand gelegt.

Auch der Hintergrund untermalt Josefs Bedrängnis: Von rechts tut sich wie eine Fallgrube mit dunklem Wasser eine Art Zysterne auf. Eine Burgruine macht erkennbar, daß im Land des Herodes Zerstörerisches vor sich gegangen ist und vielleicht erneut auf die Familie wartet. Das vorgestreckte Bein des Wanderers berührt fast Josefs Fuß und untermalt die Stimmung des Bildes: Halt, bis hierher und nicht weiter. Mit dem Nachfolger des Herodes, seinem Sohn Archelaus, ist nicht gut Kirschen essen! Der Korb an der Lende des Esels ist diesmal nicht mit Nahrungsmitteln, sondern mit Josefs Werkzeug gefüllt. Hier wird der jungen Familie nichts geschenkt, so sagt diese Beigabe. Der junge Familienvater, seine Geschicklichkeit, seine ahnungsreiche Nachdenklichkeit, seine Verantwortung und sein beruflicher Einsatz sind vielmehr gefordert.

II.

Viel Ähnlichkeit enthält diese Josefsituation mit manchen Problemen junger Familien und väterlichen Entscheidungen. Welcher Weg ist jetzt in diesem Augenblick der richtige? Soll ich als Angestellter mit meiner Firma in eine ferne Stadt ziehen, in der vielleicht manche Gefahr auf meine Kinder wartet? Oder gehe ich einen anderen, vielleicht unbequemen Weg und baue mir in einer noch unerschlosseneren Gegend eine neue Existenz auf? Was ist richtig, was ist falsch? Nicht immer ist das von früher her Vertraute auch automatisch das Bessere. Nicht immer ist es angebracht, seiner jungen Frau zuzumuten, im elterlichen Haus unter der Regie der Schwiegermutter ihre Kinder großzuziehen. Auch das kann zuviel verlangt sein, wenn nämlich die Schwiegermutter es nicht lassen kann, in die Belange der jungen Familie einzugreifen. Wie und wo bewahre ich mein Kind am ehesten vor ungutem Einfluß? Wo habe ich mehr Chance, daß meine geliebte Familie keine Not zu leiden hat? Das sind typische Fragen in einem jungen Vaterleben – und auch dabei läßt sich nicht alles Abwägen, nicht aller Zweifel, nicht alle Befürchtungen Punkt für Punkt mit der Gefährtin besprechen. Oft würde das bedeuten, sie unnötig zu beunruhigen, sie aus der inneren Gelassenheit und Ausgeglichenheit bei der Betreuung des Kindes herauszureißen und ihr sinnlose Qualen zuzumuten. Das Josefbild gibt auch dieses in typischer Weise wieder: Während die Frauen im allgemeinen sehr hellhörig und neugierig sind, sind diese Eigenschaften in der Zeit der jungen Mutterschaft meist geradezu eingeschränkt, jedenfalls was die äußeren Belange angeht. Die junge Mutter hat all ihre Hellhörigkeit ihrem Kind zugewandt. Die Außenwelt interessiert sie nicht im gleichen Maße wie sonst. Sie hört gar nicht erst richtig hin. Josefs Gegenwart enthebt sie von der Sorge um die Existenz. Aber er ist, so signalisiert das Bild, dadurch wieder einmal ganz allein als Verantwortungsträger gefordert. Und in archetypischer Symbolik sagt unser Bild: In dieser Situation ist es für den mit einer Entscheidung ringenden Familienvater sinnvoll, sich so fest an den Esel, das heißt, an seinen guten Instinkt anzulehnen, wie Josef das auf dem Bild tut. Ja, das Bild läßt sogar den Eindruck gewinnen, als höre der Esel mit wachaufgestellten Ohren viel eher der Rede des Wanderers zu als Maria und das Kind.

Wir Modernen können uns die Vaterhaltung dieses Josef nicht fest genug zum Vorbild nehmen! Wir führen immerzu das Wort "Partnerschaft" im Mund und fordern, daß die jungen Paare alle Entscheidungen in gemeinsamer Absprache treffen, daß nichts unausgesprochen bleibt, daß beide Partner ganz gleiche Teile der Aufgaben übernehmen! Aber wenn Josef der Maria hier nun von den bereits geschehenen mörderischen Untaten des neuen Königs erzählt hätte, vielleicht wäre durch diese Aufregung ihr Milchfluß versiegt und das Kind in Gefahr geraten, zu erkranken oder gar zu verhungern! Wieviel taktvoller und verantwortungsbewußter ist es, daß Josef seine große Sorge von ihr ein wenig fernhält. Wie richtig ist es, ihr den Eindruck zu vermitteln, ihm werde schon die richtige Entscheidung einfallen; denn sie weiß, sie kann sich auf ihn verlassen! Es ist doch noch lange kein Mißbrauch von Autorität, wenn ein Familienvater die Last einer großen Entscheidung zunächst einmal allein auf sich nimmt und überdenkt und seiner Frau dann erst die ausgereiften Vorschläge vorlegt. Gerade in der Situation, in der sich die junge Mutter hier befindet, würde der Gatte in der Eigenverantwortung eine wesentlich tiefere Liebe und eine größere seelische Kraft bekunden, als wenn er seiner Frau Maria nun erst einmal jede Einzelheit der zu erwägenden Alternativen in einer schlaflosen Nacht vortragen würde! Ich nehme auch an, daß selbst eine moderne Ehefrau sich in der Tiefe ihrer Seele nicht benachteiligt und ausgeschlossen fühlen würde, wenn ihr Ehemann in einer ähnlichen Situation die Sache zunächst allein erwöge; denn sie würde wohl erspüren, daß alle Gedanken des Mannes darauf gerichtet sind, für seine Familie den besten Weg zu finden. Wir tun uns heute so schwer damit zu begreifen, daß es nicht auf die Gleichheit der Handlungen, sondern auf die Liebe in der Einstellung der Familienväter ankommt. Wenn moderne Frauen mehr Erfahrungen dieser Art mit ihren Ehemännern machen würden, dann hätten sie gar nicht das Bedürfnis, überall mitzutun und jeden kleinsten Gedanken, den ihr Partner erwägt, zu kennen. Auf einem anderen Blatt steht es freilich, wenn Ehemänner sich anmaßen, unter dem Hinweis, es sei "Männersache", ihre Frauen von jeder Beteiligung an lebenswichtigen Entscheidungen auszuschließen. Das ausführliche Gespräch und einfühlsames Füreinander ist allemal unumgänglich in einer guten Ehe.

Bild XII

In Josefs Werkstatt

*Und weil Josef im Traum einen Befehl erhalten hatte,
zog er in das Gebiet von Galiläa
und ließ sich in einer Stadt namens Nazaret nieder.
Denn es sollte sich erfüllen,
was durch die Propheten gesagt worden ist:
Er wird Nazoräer genannt werden.*
(Mt 2,22-23)

I.

Die Entscheidung ist gefallen, Nazaret als Heimatstadt des göttlichen Kindes gewählt, die Werkstatt ist eingerichtet, offenbar haben sich Aufträge eingestellt – so jedenfalls vermittelt uns das zwölfte Bild der Künstlerin. Josefs Nachdenken hat sich bewährt: Abermals wurde ihm die Qual der Entscheidung durch eine himmlische Zuweisung abgenommen, abermals hatte er ein Traumgesicht. Viermal ist das dem nüchternen Zimmermann nun bereits geschehen, und immer bezog es sich auf das Wunder des Kindes. Das ist wirklich eine kräftige Bestätigung dafür, daß Josef eine ganz besondere Gnade zuteil wurde, indem er als Schutz für dieses Kind und sein gesundes Aufwachsen ausersehen ist.

Bild zwölf ist ganz von der Elternfreude über das Kind und sein Gedeihen gekennzeichnet. Josef geht seiner Zimmermannsarbeit nach, und Jesus sammelt die zur Erde fallenden Späne ebenso sorgsam wie spielerisch in einen Korb. Das Kind ist gewissermaßen im Windschatten der Mutter mehr dem Vater und seiner Arbeit zugewendet. Es ist offenbar bereits im Begriff, seinem Kleinkindstatus zu entwachsen: Die Identifikation des männlichen Kindes mit seinem Vater und die Lockerung der Nähe zur Mutter ist bereits in vollem Gange. Noch ist der Vater Josef für ihn der ganz Große, der ihn liebevoll Führende, noch ist das Jesuskind selbst der kleine, der dem Vater untergeordnete Sohn, schon ein wenig in seine Arbeit einbezogen, schon ein wenig mit in einen ordnenden Dienst gestellt. Aber bei aller Beachtung des Kindes durch den Vater bewegt er sich doch bereits selbständig. Josef ist gewiß viel zu sehr mit Ehrfurcht gegenüber Jesus erfüllt, als daß er sich anmaßen würde, ihn erzieherisch einzuengen. Er hobelt nicht an der Kinderseele herum, sondern bleibt bei seinen Leisten, dem Tischlerhandwerk.

Das Umfeld unterstreicht diese Bildaussage. Die kleine Szene findet anscheinend überhaupt in der Werkstatt des Vaters statt. Der Raum ist von einem großen Fenster erhellt, in dessen Licht Maria an einem Kleidungsstück näht. Josef arbeitet hingegen vor dem dunklen Hintergrund einer Mauer, aber auch er ist auf die Helle des Zimmers, und das heißt auf das Glück an dieser Familie, und der Freude an diesem Kind ausgerichtet.

II.

Vorbildliche Vaterschaft demonstriert uns Josef mit diesem Bild. Kinder brauchen nicht nur die Gegenwart ihrer Mütter, sondern, je älter sie werden und ganz besonders, wenn sie Söhne sind, zunehmend diejenige ihrer Väter: Kinder brauchen das Vorbild der Väter und deren Zuwendung, wenn sie auch von anderer Farbe ist als die der Mütter. Söhne wollen bei Vater mittun, sie wollen mit seiner Tätigkeit vertraut werden, sie wollen zu ihm aufblicken, um durch den Vormacher einen Entwicklungsanreiz zu bekommen: einst so zu werden wie Vater, später so etwas zu machen wie Vater und sich eine so liebe Frau zu suchen wie Mutter! Die großen Füße des Vaters müssen den kleinen des Sohnes nahe sein, wie auf unserem Bild, damit es ihm zur Freude wird, in seine Fußstapfen zu treten.

Von unermeßlicher Wichtigkeit ist es dabei, die Kinder diese Nachahmungsfreude selbst entdecken zu lassen und sie nicht hineinzunötigen. Stille, freudige Zustimmung, ein Interesse, ein "Dazwischensein" im wahrsten Sinne des Wortes ist als wirksames erzieherisches Verhalten des Vaters besser als gängelndes Anregen, Befehlen und Sichaufdrängen. Das Kind, das Vertrauen zu seinem Vater hat, beginnt von selbst, Interesse für dessen Tun zu entwickeln. Wenn der Vater freudig auf die freiwillige Hilfsbereitschaft seines Sohnes eingeht, ist dies für den Sohn sicher eine wirksamere Anregung zum Mitmachen als barscher Zwang und Androhung von strafender Gewalt.

Für die Moderne ist das Bild insofern eine schöne Belehrung, als es den Größenunterschied von Vater und Sohn betont. Unsere Zeit trachtet nur allzugern danach, der Notwendigkeit eines Spielraumes für das Kind, der es nicht durch zuviel väterliche Befehlsgewalt unzumutbar einengt, mit einer kumpelhaften Gleichsetzung des Vaters mit dem Kind zu begegnen. Aber das Kind kann nicht vom Vater lernen, es kann nicht zu ihm aufblicken, es kann sich ihn nicht zum Vormacher erwählen, wenn dieser sich künstlich kleinmacht und Kindlichkeit heuchelt. Das Kind pflegt eine solche ideologische Lüge mehr oder weniger bewußt bald zu durchschauen und die Achtung vor einem solchen unmännlichen Vater zu verlieren. Wahrhaftigkeit des Vaters seinen Kindern gegenüber bedeutet, seinen Status, seine Verantwortung, aber auch seine freudige Ehrfurcht vor dem Kind nicht zu verleugnen.

Dem gläubigen Vater ist schließlich klar, daß der kleine Sohn grundsätzlich nicht sein Produkt ist, sondern ein Schöpfungswunder Gottes, ihm, dem Vater, lediglich als verantwortungsschwere Aufgabe anvertraut. Wenn sich moderne Väter so verhalten, fallen die Erziehungsprobleme bei seelisch gesunden Kindern meist weg. Bei Vater zu sein, ist dem Sohn dann ein Bedürfnis, selbst wenn dieser durch Arbeit sehr in Anspruch genommen ist.

Moderne Väter haben es zwar hier meist schwerer als Josef: Die meisten Berufe nötigen sie, zur Arbeit aus dem Haus zu gehen und oft nur allzu erschöpft heimzukehren. Und trotzdem lohnt es sich, zumindest am Wochenende, im Urlaub oder auch am Abend, sich mit den Kindern zu beschäftigen! Josefs Freude, die auf seinem Gesicht strahlt, kann auch die Freude moderner Väter sein, wenn sie die Zuwendung zu ihren Kindern nicht vergessen. Das ist eine Mühe, die zukunftsträchtig ist. Kinder – und ganz besonders Jugendliche –, deren Väter mit ihnen einen seelischen und geistigen Kontakt aufbauen und durchhalten, haben dann auch meist als Erwachsene eine positiv bleibende Beziehung zu ihnen. Und das bedeutet für die alten Väter eine besonders beglückende Sinnerfüllung ihres Lebens.

Bild XIII

Wo ist Jesus?

*Die Eltern Jesu gingen jedes Jahr zum Paschafest nach Jerusalem.
Als er zwölf Jahre alt geworden war,
zogen sie wieder hinauf, wie es dem Festbrauch entsprach.
Nachdem die Festtage zu Ende waren,
machten sie sich auf den Heimweg.
Der junge Jesus aber blieb in Jerusalem,
ohne daß seine Eltern es merkten.
Sie meinten, er sei irgendwo in der Pilgergruppe,
und reisten eine Tagesstrecke weit;
dann suchten sie ihn bei den Verwandten und Bekannten.
Als sie ihn nicht fanden,
kehrten sie nach Jerusalem zurück und suchten ihn dort.
(Lk 2,41-45)*

I.

"Habt ihr unseren Sohn Jesus gesehen?" Dieses Bild macht unmißverständlich deutlich, daß Josef diese Frage an alle Leute richtet, die ihm und Maria begegnen: diejenigen, die mit ihnen auf der Pilgerfahrt in Jerusalem waren, und schließlich auch die Verwandten und Bekannten, zu denen das Kind hätte vorausgehen können. Aber der Gesichtsausdruck der Befragten verrät es, ebenso wie der erschöpft traurige Ausdruck im Antlitz der besorgten Mutter: Niemand ist Jesus begegnet.

In Josefs Gestalt drückt sich noch am ehesten unermüdlich suchende Aktivität aus. Er hält seinen Stab mit der linken Hand fest umschlossen, mit der rechten greift er dem Esel ans Halfter, fest an das Tier angelehnt. Dieses Tier – mehrmals haben wir es symbolisch als seinen Instinkt gedeutet – hat ihm immer noch geholfen. Josef hat die Hoffnung keineswegs aufgegeben. Er steht trotz aller Sorge in der optimistischen Vorstellung, daß dem göttlichen Kind nicht Böses widerfahren ist. Er steht schon ein wenig von der Gruppe der Menschen weggewendet, die er ergebnislos befragt hat. Er hat offensichtlich bereits den Entschluß gefaßt, nach Jerusalem zurückzukehren und das Kind dort zu suchen. Ganz deutlich wird auch, daß Josef durch seine Aktivität und durch seine Identifikation mit Marias Sorge seiner Frau Halt gibt. Sie steht unmittelbar hinter ihm, an seinen breiten Schultern. Sie kann sich in ihrer Not an ihn anlehnen.

Der spärliche Hintergrund dieses Bildes spiegelt die Situation des Paares wieder: Es befindet sich auf einer Art Wüstenpfad. Heller, unbelebter Sand umgibt die Menschengruppe: So unfruchtbar wie Wüste ist die ergebnislose Suche nach dem Sohn. Die erneute Rückkehr nach Jerusalem bedeutet nun einmal heißer, sandiger Umweg, unfruchtbare, unnötige Kraft- und Zeitverschwendung für den arbeitsamen Zimmermann, belastende Durststrecke für die kleine Familie. Aber die unverwüstliche Hoffnung des vorangehenden Josef ist auch dadurch signalisiert, daß am fernen Horizont so etwas wie ein Fluß oder ein See aufblinkt – und das bedeutet schließlich, daß das Bemühen des Paares nicht in der Ergebnislosigkeit versanden, sondern das Leben der Familie in neuen Fluß geraten wird. Das Bild ist in hellen Tönen gehalten: Josefs ungebrochene Aktivität läßt keinen Raum zu resignativer Verdunkelung.

II.

Ja, so sollte sich der vorbildliche Ehemann in "bösen Tagen" bewähren: zusammengerückt mit seiner Frau und doch nicht vor lauter Kummer in Passivität versinkend! In einer beklemmenden Situation, in Angst um das Leben eines Kindes sollte der Vater soviel Aktivität zeigen, daß bereits durch diese Haltung neue Hoffnung aufkeimen kann. Das ist der beste Trost für eine Mutter, die sich um das Leben und das Heil ihres Kindes ängstigt! Nach Hilfe auf die Suche gehen, auch wenn das nicht gleich zu einem positiven Ergebnis führt, sich nicht entmutigen lassen, weiter fragen, weiter Erkundigungen einziehen, mehr und neue Eisen ins Feuer legen, sich auf das Problem konzentrieren, es allein in den Mittelpunkt stellen, statt auszuweichen und die mütterliche Sorge als unbegründet abzutun, oder gar abweisend zu werden und passiv die zersorgte Mutter mit leeren, beschwichtigenden Tröstungen abzuspeisen suchen.

Nein, so verhält sich der vorbildliche Josef ganz und gar nicht: Die Sorge um das Kind schmiedet das Paar fest zusammen. Der vorbildliche Vater läßt beängstigende Ergebnislosigkeit auch nicht direkt an seine Frau heran. Er schaltet sich gewissermaßen wie ein Prellbock zwischen die entmutigenden Auskünfte und die Enttäuschungen darüber bei seiner Frau. Er fängt das Negative auf, so daß es gewissermaßen erst durch den Filter seiner Nähe auf die verzweifelte Mutter trifft und damit einen ihr nicht zumutbaren Schock verhindert. Er hat bereits während der betrüblichen Nachricht einen neuen, hoffnunggebenden Plan bereit. Er ist ebensosehr darauf bedacht, das Kind wiederzufinden als auch darauf, seiner Frau beizustehen. Er ist ganz Liebe in eifriger Aktivität, ganz Liebe, die für egozentrisches Selbstmitleid keinen Raum hat, weil sie zu ausschließlich darauf ausgerichtet ist, die geliebte Frau von dieser ihrer Angst zu befreien und das Problem zu lösen. Seine eigene Furcht vor einem Mißgeschick mit dem Sohn, seine eigene Bequemlichkeit werden davon völlig aufgesogen.

Vorbildliche Haltung ist das auch für die Väter der Moderne! Wie dem archetypischen Bild ähnlich ist häufig die Situation von Eltern heranwachsender Kinder heute; daß sie – frei und ungegängelt erzogen – ausscheren und die Eltern in Angst und Sorge versetzen. Der Junge ist nicht rechtzeitig nach Hause gekommen. Was ist geschehen? Ein Unglück? Ein Verbrechen? Oder hat der Sohn nur über irgendeinem Spiel die Zeit vergessen? Oder will er einmal proben, wie weit er es durch bewußten Ungehorsam mit seinen Eltern treiben kann? Oder ist er in schlechte Gesellschaft geraten, die ihn zu Untaten und Aufsässigkeit verführten?

Aber wie auch immer die Situation sich dann auflöst: Josef-Haltung in den Stunden der Ungewißheit besitzt auch für uns eine nachahmenswerte Vorbildlichkeit. Von allergrößter Wichtigkeit ist es auch für den modernen Vater, die Mutter in ihrer Sorge und allen dunklen Befürchtungen nicht allein zu lassen. Nichts ist gefährlicher für die Stabilität einer Ehe, als wenn die eigene Angst um den Sohn oder die Tochter in Aggressionen gegen die Ehefrau umschlägt, so daß er dazu übergeht, sie zu kränken, zu verhöhnen, zu beschimpfen, mit Vorwürfen zu überhäufen, mit Türen zu schlagen und sich in irgendeine unangemessene Tätigkeit zu vergraben! Besser, viel besser ist es, die Angst nicht durch Untätigkeit und Grübeln des Wartens zum Sieden zu bringen, sondern wie Josef Aktivitäten zu entfalten: bei Freunden und Verwandten anzurufen, oder falls sie kein Telephon haben, hinzugehen oder -zufahren und nach dem Kind zu suchen – an allen Orten, an denen es vermutlich sein könnte.

Selbst wenn diese Aktivitäten bewirken, daß

andere Verabredungen aufgeschoben oder abgesagt werden müssen: Gibt man als Vater der sorgenden Suche um das Kind Vorrang, so stärkt das erstens die Verbundenheit mit der Ehefrau, und zweitens beschwichtigt die Aktivität die eigene Vaterangst. Josef zeigt es auch modernen Vätern: Die natürliche Liebe zur Ehefrau und zum verlorenen Kind sollte im Vordergrund stehen, statt zu Ärger, Ungeduld oder ausweichender Passivität umgemünzt zu werden. Dann wird eine solche Krisensituation, in der sich der Vater als besonnen Handelnder bewährt, schließlich sogar im Nachhinein die Beziehung des Kindes zum Vater stärken – denn es kann nach seiner Rückkehr die Erzählungen über die Suche des Vaters als einen direkten Liebesbeweis erleben. Aber darüber hinaus kann eine solche Vaterhaltung zu einem höchst positiven Markstein des Eheweges eines Paares werden; denn eine Frau wird eine solche Haltung ihres Mannes als eine beglückende Erfahrung empfinden und sie mit einer Steigerung dankbarer Zuneigung beantworten.

Wiedergefunden im Tempel

*Nach drei Tagen fanden sie ihn im Tempel;
er saß mitten unter den Lehrern,
hörte ihnen zu und stellte Fragen.
Alle, die ihn hörten, waren erstaunt
über sein Verständnis und über seine Antworten.
Als seine Eltern ihn sahen, waren sie sehr betroffen,
und seine Mutter sagte zu ihm:
Kind, wie konntest du uns das antun?
Dein Vater und ich haben dich voll Angst gesucht.
Da sagte er zu ihnen:
Warum habt ihr mich gesucht?
Wußtet ihr nicht, daß ich in dem sein muß,
was meinem Vater gehört?
Doch sie verstanden nicht, was er damit sagen wollte.*

*Dann kehrte er mit ihnen nach Nazaret zurück
und war ihnen gehorsam.
Seine Mutter bewahrte alles, was geschehen war, in ihrem Herzen.
Jesus aber wuchs heran, und seine Weisheit nahm zu,
und er fand Gefallen bei Gott und den Menschen.*
(Lk 2,46-52)

I.

Das Kind ist gefunden, es lebt, es ist heil! Auf diesem letzten Bild der Künstlerin befindet sich Josef fast schon im Hintergrund. Er steht von dem Knaben bereits genausoweit entfernt, wie der dritte Priester in dieser Szene! Aber seine Gesichtszüge sind von einer entlasteten Freude gekennzeichnet. Gott sei gelobt; dem Kind ist nichts Übles zugestoßen. Kein Ärger über Jesu Eigenmächtigkeit prägt Josefs Gesichtszüge. Deutlich wird erkennbar: Er, Josef, wird Jesus keine Vorwürfe machen. Indem er Maria auf ihn hinweist, zeigt er gleichzeitig bereits sein verblüfftes Erstaunen über die Szene, die er sieht: sein Sohn im Tempel, umringt von hohen Lehrern, denen es üblicherweise gänzlich fern liegt, mit einzelnen Kindern aus den Pilgerfamilien zu sprechen und sich länger mit ihnen zu beschäftigen!

In Josefs Gesicht ist etwas ganz anderes als das Bedürfnis, sein ungehorsames Kind, das den Eltern viele Unannehmlichkeiten, Mühsal und Sorge bereitet hat zu bestrafen. Es steckt in Josefs Haltung und Mimik mehr als der Lukas-Text uns vermittelt. Schließlich paßt diese Szene – die ungewöhnliche Haltung der Menschen dem Knaben Jesus gegenüber – in die Kette aller Wunder, die Josef von Anbeginn an mit ihm erlebt hat. Dieses Kind, das spürt er hier einmal mehr, ist durch und durch ungewöhnlich. Durch die Beobachtung der Tempelszene begreift Josef zumindest mit seinem Gefühl, wenn vielleicht noch nicht mit dem Verstand, daß sich hier eine sehr direkte himmlische Offenbarung vorbereitet, die durch Jesus geschehen soll.

Bei aller Liebe und Erleichterung der Mutter über den wiedergefundenen Sohn ist in ihren Worten viel mehr Begriffsstutzigkeit. Sie kann nicht sogleich all die Seelenpein, die sie durchlitten hat, vergessen. Vielleicht möchte sie auch mit dem Vorwurf "Wie konntest du uns das antun?" dem Kind ein wenig verdeutlichen, wie rücksichtslos es besonders gegen den Vater gehandelt hat, der längst wieder an seiner Werkbank stehen sollte. Dadurch herausgefordert errichtet Jesus nun freilich mit schier unbarmherziger Härte eine neue Scheidewand zwischen sich und seinen Eltern, ganz besonders aber gegen seinen irdischen Vater. Er weist auf seinen Dienst für den himmlischen Vater hin, dem sein Leben als Erwachsener gelten wird. Und wenn auch der Text sagt, daß Jesus ohne Widerstand mit den Eltern nach Nazaret zurückkehrte und sich in Liebe und Gehorsam in das Familienleben einpaßte, so weisen Jesu Worte im Tempel doch bereits darauf hin, daß der Auftrag Josefs, des stellvertretenden Vaters, über kurz oder lang zu Ende sein wird. Josef hat seinen Auftrag erfüllt. Er hat Jesus so lange beschützen müssen, als er noch nicht zur Selbständigkeit und zur Reife seiner Sendung gekommen war. Josef darf nun bald von seinem so verantwortungsschweren Amt im Leben des Erlösers zurücktreten; denn der heranwachsende Jesus hat seine Bestimmung erkannt. Der Gärtner Josef darf den erblühten Baum nun an den Eigner zurückgeben. Erntezeit ist Gotteszeit. Josef hat seine Aufgabe in frommer Ehrfurcht vor seinem Gott und allen

Wundern, die ihm geschahen, erfüllt. Die Bibel entläßt Josef mit dieser Aussage. Es erfolgt keine weitere Erwähnung mehr. Josef darf heraus aus dem Rampenlicht der irdischen Geschichte des Erlösers der Menschheit. Vielleicht hat er sich das als "Lohn, der reichlich lohnet" vom nächsten Traumengel so gewünscht: nun fernerhin anonym bleiben zu dürfen. Das Fehlen weiterer Erwähnungen Josefs im Evangelium kennzeichnet wohl auch etwas Typisches in Josefs Charakter: seine Bescheidenheit, seine Selbstlosigkeit und seine gottvertrauende Demut. Auf Josef trifft zu, was Johannes der Täufer bekundet, nachdem er Christus begegnet war: "Er muß wachsen, ich aber muß kleiner werden" (Joh 3,30).

Diese Zusammenhänge werden besonders durch die Gestaltung und den Hintergrund des Bildes symbolträchtig unterstützt: Sinnfälligerweise wird Josef hier selbst zum Hintergrund. Dennoch steht er am Fuß einer aufwärtsführenden Treppe im hellen Licht. Diese seine souveräne Haltung deutet eine Aufwärtsentwicklung seiner Seele an. Wie in einem Tor steht er vor der eigenen geistlichen Erhöhung.

Das ganze Geschehen findet in der Tiefe statt, am Anfang des Auftrages des göttlichen Kindes. Im seelischen Zentrum steht bereits der Sohn. Und vielleicht vermag die Dunkelheit des Raumes im Umfeld der verharrenden Schar rätselnder Priester auch zu verdeutlichen, auf wieviel nichtverstehende geistige Dunkelheit seitens der Pharisäer Jesus nun zugehen wird. Jesus steht – umstrahlt von der hellen Aura seines Kopfes – vor dem dunklen Hintergrund seiner schweren Sendung.

II.

So heilig wie Josef werden sich viele Väter angesichts des Ablösungsprozesses eines Sohnes, einer Tochter gewiß nicht verhalten; und dennoch ist Erhebliches und Beachtenswertes von ihm zu lernen; denn das bleibt keinem Vater erspart zu erleben, wie die Kinder gegen die Wünsche und vernünftigen Absprachen mit den Eltern ihren eigenen Weg gehen; meistens – genau wie Jesus – zunächst heimlich, dadurch aber um so besorgniserregender für die Eltern. Aber die Geschichte mit dem zwölfjährigen Jesus im Tempel kann allen Eltern und besonders den Vätern großen Trost geben: Jesus, so wissen wir sicher, war ohne Sünde, und dennoch vollzog er hier allem Anschein nach einen eklatanten Ungehorsam gegen seine Eltern. Er setzte in beachtlicher Rücksichtslosigkeit die Erfüllung seines Lebensauftrages durch – ohne zu zögern und gegen den absolut berechtigten Wunsch des Vaters, ihn noch in seiner Obhut zu halten und mit nach Hause zurückzubringen. Und wenn auch irdische Kinder selten für drei Tage heimlich in einem Kloster oder einer kirchlichen Lehranstalt verschwinden, so dient das oft gewiß unvernünftige Sichabsetzen der Jugendlichen von familiären Unternehmungen doch dem gleichen – und meist auch hier – sündlosen Sinn: die Bevormundung durch den Vater, durch Angehörige überhaupt, zu durchbrechen, um sich als eigenständiger Erwachsener in die Auseinandersetzung mit der Welt zu begeben. Das geschieht bei Söhnen und Töchtern in der Pubertät freilich häufiger noch ohne volles Bewußtsein über den Sinn dieser Vorgänge. Das Lebensgesetz in ihnen nötigt sie zum Erproben ihrer Selbständigkeit. Freilich: Gerade dadurch unterscheidet sich auch die Pubertät Jesu von den emanzipatorischen Bestrebungen anderer Jugendlicher; ihre Unvernunft ist oft allzu vorherrschend. Wenn die Loslösung mit Hilfe einer Nachtfahrt in Vaters Wagen (ohne Führerschein) vor sich geht, als lebensgefährliche Mutprobe für eine Clique, der man angehören möchte, als eine noch nicht reife, nicht verantwortlich überlegte sexuelle Beziehung und Bindung, dann besteht Emanzipation hier aus Handlungen, die das Leben der Jugendlichen oder das anderer Menschen bedrohen und gefährden. Dann ist vom Vater mehr gefordert als ein erleichtertes Einsammeln des verlorenen Sohnes nach der Art Josefs. Dann ist es nötig, mit dem Sohn, der Tochter ein Gespräch zu führen, das es ihnen möglich macht, zu erkennen, was mit ihnen geschieht. Wenn der Vater dann dem Herausdrängenden die Berechtigung zu einer Ablösungsaktion zubilligt, ihm aber gleichzeitig Grenzen setzt, weil sein Verhalten bewiesen hat, daß ihm dies nicht gelang, dann kann erhofft werden, daß er bei einem verständnisvollen Vater sich selbst verstehen lernt, so daß es in Zukunft zu vernünftigen Ablösungsformen kommen kann.

Aber ein Zurücktreten hinter den eigenständigen Lebensauftrag seines Kindes – dieses Schicksal bleibt keinem Vater erspart, der liebevoll an dessen Glück und an dessen seelischer Gesundheit interessiert ist.

Josef ist gewiß auch heilig, weil ihm dies anscheinend ohne schmerzhafte Zerreißproben mit dem Jesusknaben gelang. Manche Väter tun sich da wesentlich schwerer. Je schwächer ihr eigenes Selbstwertgefühl ist, um so leichter geraten sie angesichts des Heranwachsens des Sohnes in die Angst, an ihrer Seite Nebenbuhler heranzuziehen, die ihnen über kurz oder lang das Wasser abgraben werden. Viele Väter (oft ganz unbewußt) können es einfach nicht ertragen, daß der Sohn etwas kann oder etwas weiß, was er, der Vater, nicht weiß und kann. Dann fallen manche Väter aus der Rolle, beginnen den Sohn mit unsachlichen Angriffen oder hämischen Bemerkungen zu attackieren; andere bekommen wie aus heiterem Himmel einen Jähzornanfall oder greifen den Sohn tätlich an. Auch hier kann Josef, Angst und Unmut entschärfend, als Vorbild dienen; denn nicht nur er hat den Sohn an den eigentlichen, den himmlischen Vater abgegeben, sondern jedem irdischen Vater wird ebenfalls eine solche Verzichtleistung abgefordert. Kein heranwachsendes Kind, ganz gewiß auch keine heranwachsende Tochter ist Besitz des Vaters – auch wenn er noch so viel Geld, Zeit und Kraft in die Nachkommen investiert hat. Gar nicht einmal so selten zeigt sich sogar, daß manchen Vätern das Entlassen in den eigenen Lebensdienst bei den Töchtern noch schwerer fällt als bei den Söhnen. Manchmal ist das sogar der Fall, wenn die Töchter mit einem Heiratswunsch an den Vater herantreten. Der künftige Schwiegersohn mag noch so untadelig sein – der egozentrische Vater erlebt ihn als Räuber seines kostbaren Besitzes. Er erkennt nicht und akzeptiert nicht, daß der zentrale Lebensauftrag von Töchtern in der Mehrheit der Fälle die Mutterschaft ist, die sie in die Schöpfungsordnung und den Willen Gottes in einer speziellen Weise einbindet.

Noch weniger akzeptieren manche Eltern, wenn die Kinder nicht den Weg der Ehe einschlagen, sondern in sich eine Berufung zu einem Leben der Ehelosigkeit z. B. als Priester oder Ordensleute entdecken. Der ichbezogene und das heißt der unfromme Vater will seine Nachkommen in störrischem Egoismus stattdessen behalten. Auch hier haben Väter, wie Josef, die Aufgabe, sich zurückzunehmen und die Heranwachsenden ihrem neuen Lebenskreis, ihrer höheren Bestimmung zu überlassen. Mit all diesem Tun steht auch jeder Vater heute im Dienstauftrag für den Schöpfer. Er hat keine Besitzansprüche an seine Kinder zu stellen, er darf deren Berufe nicht eigenmächtig bestimmen. Er darf den Sohn nicht egoistisch vor seinen eigenen Lebenskarren spannen. Manche Söhne und Töchter sollten werden, was der Vater gerne geworden wäre, oder werden verplant, um das Lebenswerk des Vaters in Betrieb, Geschäft, Praxis etc. fortzuführen. Väter, die sich an das Josef-Vorbild halten und ihm nacheifern, haben sehr viel mehr Chancen, daß sich später eine harmonische Beziehung zwischen dem Vater und seinen erwachsenen Kindern ergibt; denn diese erleben eine solche Einstellung als großzügig, souverän, liebevoll und erfahren sie in der Tiefe als wahr und einzig richtig. Es zahlt sich aus, wenn der Vater die Jugendlichen bei der Verselbständigung mit weiser Nachdenklichkeit und behutsam erteiltem Rat selbstlos unterstützt. Die Heranwachsenden brauchen nicht in kraftverschleißender Weise an unbilligen Fesseln zu zerren, die ein autokratischer Vater ihnen anlegt.

Gibt es im Hinblick auf die Emanzipation der Jugendlichen von ihren irdischen Vätern auch noch speziell neumodische Variationen außer den bereits beschriebenen überzeitlichen archetypischen? Neu und in beträchtlicher Häufigkeit kommt es heute vor, daß die heranwachsenden Kinder tatsächlich nicht die leiblichen Nachkommen ihrer Erzieher sind. Oft haben sich die Eltern der Kinder in jungen Jahren scheiden lassen, manchmal haben die jungen emanzipierten Mütter gar nicht heiraten wollen und zunächst die Vorstellung gehabt, das Kind allein zu erziehen. Aber allzuoft bei all den neuen Veränderungen in der Familie und in der Erziehungsform erweist sich das auf die Dauer als ähnlich schwer, wie das Josef-Schicksal. Ersatzväter heute – manche als sogenannte Lebensgefährten an der Seite von Frauen, die bereits Kinder in die Verbindung mit eingebracht haben – nehmen zwar seltener eine rivalisierende, autokratische Position zu den heranwachsenden Stiefsöhnen ein, aber sie haben es dennoch schwer mit ihnen, weil diese oft die Ersatzväter nicht als erziehungsberechtigt anerkennen. Manche Ersatzväter stellen sich in solchen Situationen den Söhnen ihrer Frauen kumpelhaft an die Seite. Seltener gibt es dann Kämpfe, wie sie bei der echten Emanzipation in der Pubertät, in einer echten Auseinandersetzung zwischen Vätern und Söhnen entstehen. Öfter antworten heute vielmehr die Jugendlichen auf die Erziehungsversuche ihrer Ersatzväter mit Verachtung. Verachtung deshalb, weil der Vater hinter seinem Auftrag, Vorbild zu sein, weit zurückgeblieben ist. Manchmal hören sie auf, mit den Lebensgefährten ihrer Mütter überhaupt noch zu sprechen. Sie reagieren so auf die Anmaßung der Ersatzväter oft auch gekränkt, da sie sie als eindringende Rivalen bei der Gunst der Mutter erleben. Weise josefhafte Zurückhaltung ist in solchen Fällen ein Grundrezept, das sinnlose Zerreißproben überflüssig machen kann.

Die schöne Bildfolge über jenen Lebensabschnitt des Zimmermanns Josef aus Nazaret, in dem er den Auftrag erfüllt, dem Jesuskind ein sorgsamer Vater zu sein, kann uns den tiefen Ursinn der Geschichte in anschaulicher Eindringlichkeit verdeutlichen. Wenn mehr moderne Väter in ähnlicher Weise wie Josef auf Stolz und Selbstherrlichkeit verzichten, so wird es gewiß zunehmend mehr Jugendliche geben, die unbeschädigt und sorgfältig gefestigt in ihr Erwachsenenleben eintreten.

Josef
– Klug, gerecht und von Liebe erfüllt –

Vorbildlichkeit und Sendung des heiligen Josef

Nachwort des Herausgebers

German Rovira

Für einen Mariologischen Arbeitskreis gehört zum wesentlichen Umfeld seiner Studien über Maria auch die Heilige Familie. Sie ist schließlich für die Mutter des Erlösers das eigentliche Bezugszentrum ihres Lebens. Der Auftrag Josefs als Bräutigam und Ehemann Marias ist untrennbar mit ihrem Auftrag verknüpft: Die Sendung des heiligen Josef versteht man nur auf dem Hintergrund der Sendung Marias – in der Beziehung zur Mutter des Sohnes Gottes. Die Auserwählung Marias wiederum ist nur im Geheimnis der Inkarnation, der Fleischwerdung Gottes, zu begreifen. Dies macht eine Veröffentlichung, die glaubensgeschichtliche Vorbilder für die göttliche Berufung überzeugt christlicher Väter sucht, auch deswegen brauchbar: Die Betrachtungen über den heiligen Josef führen – wie die über Maria – zu einer tieferen Betrachtung Gottes, "nach dessen Namen jede Vaterschaft im Himmel und auf Erden benannt wird" (Eph 3,15).

Für den Internationalen Mariologischen Arbeitskreis gab es überdies verschiedene andere gewichtige Gründe für eine Veröffentlichung über den heiligen Josef in der Art, wie Frau Christa Meves den vorliegenden Band konzipiert hat, der von Herrn Dr. Hans-Jürgen Hardelauf angeregt wurde.

Seit seiner Gründung war der IMAK stets bemüht, mit vielen ähnlichen Institutionen und Marienheiligtümern in der Welt Kontakte zu pflegen. Die Tradition des IMAK, jährlich auf der "Marianischen Route" von Lourdes über Torreciudad, Saragossa, Lérida und Montserrat zu pilgern, förderte Gespräche und Austausch von Überlegungen, welche der Tätigkeit unseres Arbeitskreises immer zugute kamen. Die IMAK-Pilger haben immer mit Freude die aussagereichen und schönen Bilder der Künstlerin Palmira Laguéns betrachtet. Das vorliegende Buch kann auch dazu dienen, die vielleicht etwas in Vergessenheit geratene Betrachtung des Lebens des heiligen Josef wieder zu beleben.

IMAK dankt Herrn DDr. José Luis Saura, der gern und großzügig die Dias der Kachelbilder – mit Zustimmung der Künstlerin – zur Verfügung gestellt hat. Auch Frau Palmira Laguéns gilt aus gleichem Grund unser Dank. Gedankt werden muß aber auch dem Christiana-Verlag, seinem Inhaber Herrn Arnold Guillet und seiner Frau, die dem Plan für das Buch sofort mit hellhöriger Bereitschaft entgegenkamen.

Bei der Aufzählung der Gründe, welche die Veröffentlichung eines solchen Werkes empfehlen, darf man jedoch die theologischen und pastoralen Erwägungen nicht übergehen. Der heilige Josef, Schutzpatron der Kirche, wurde von Papst Johannes XXIII. auch zum Schutzpatron des Konzils proklamiert. Er sollte die Arbeit der Konzilsväter fürbittend begleiten. Wenn nun auch die Beschlüsse des Konzils segensreich in die Tat umgesetzt werden sollen, damit sie die Früchte bringen, die man erhoffte und um die gebetet wurde, dann ist auch heute das Gebet der Gläubigen unerläßlich. Die Fürsprache des Schutzpatrons der Kirche und des Konzils kann bei diesem Gebet nur hilfreich, sein Beispiel auch in unserer Zeit lehrreich sein.

Die wenigen Begebenheiten, die die Evangelisten Matthäus und Lukas aus dem Leben Josefs berichten, waren die wichtigste Grundlage für die vorangegangenen Texte. Die einfühlsamen Bilder von Palmira Laguéns haben Christa Meves angeregt, uns in eindringlicher Weise Josef als Vorbild für heutige, christliche Familienväter vorzustellen und dabei die ganze Größe seines Charakters auszuleuchten. Was bleibt da aus theologischer Sicht noch zu ergänzen oder zu vertiefen?

Zwei Aspekte scheinen mir beachtenswert: Zum einen gibt es vom Alten bis zum Neuen Testament viele Textstellen, die man auf Josef beziehen kann. Dadurch kann das Vorbildliche an Josef klarer herausgearbeitet, vertieft und untermauert werden. Zum anderen zeigen diese Texte der Heiligen Schrift, daß Josef mehr ist als nur ein leuchtendes Vorbild, als das Urbild eines christlichen Vaters; daß er im Hause Gottes, der Kirche, eine Sendung und Aufgabe erhalten hat, die über sein irdisches, vorbildliches Leben hinausgeht. In den Augen der Christen ist er Schutzpatron und Wegbereiter des Neuen Bundes und eine Hilfe für alle, die sich an ihn wenden. Diese beiden Aspekte sollen im folgenden näher vorgestellt werden.

Einer der ersten Grundtypen des Alten Testaments, den man in Verbindung mit Josef bringen kann, ist Abraham. Von beiden sagt die Heilige Schrift, daß sie gerecht waren. Insbesondere ist es der Glaubensgehorsam, der Abraham als Gerechtigkeit angerechnet wird. An diesem Urbild des Glaubensgehorsams orientiert sich auch Josef in seiner prompten und unbedingten Erfüllung des Willens Gottes, der ihm mehrfach im Traum durch den Engel übermittelt wird. Wie sehr die Haltung Josefs in dieser Situation jener Abrahams gleicht, wird auch dadurch betont, daß die Liturgie am Fest des heiligen Josef die Worte des Römerbriefs über den Gehorsam und Glauben Abrahams auf Josef bezieht (vgl. Röm 4,1-25). Wie Paulus voller Bewunderung über Abraham spricht, so erkennt Johannes Paul II. im heiligen Josef die Tugenden, die auch ihn zum Vorbild des Glaubens machen: seine Arbeitsamkeit, Stärke, Stille, Zärtlichkeit, Treue und Offenheit, seine stete Bereitschaft, Andeutungen zu verstehen und das Gewünschte in die Tat umzusetzen. Behütend, schützend und erleuchtet erfüllen Josef wie Abraham die ihnen anvertrauten Aufgaben. Josef ist wahrhaftig ein guter und Gott treuer Verwalter im Hause des Messias. Hören, Glauben und Gehorchen verschmelzen wie selbstverständlich in diesem Gerechten.

Eine weitere Gestalt des Alten Testaments, die man mit Josef vergleichen kann, ist Josef, der Sohn Jakobs. Im Leben dieses Josef, der von seinen Brüdern als Sklave verkauft und nach Ägypten verschleppt wurde, entdeckt die Kirche – sie verkündet es in ihrer Liturgie – Parallelen zum Leben des heiligen Josef: beide sind Gestalten, die eher zurückhaltend, im verborgenen wirken. In beiden bestimmt die Keuschheit ihr Handeln. Beide lassen sich von Gott im Traum leiten. Wie Josef hinter dem Auftrag Jesu zurücktritt, so tritt im Alten Testament Josef hinter seine Söhne zurück: Nicht Josef wird wie alle seine Brüder Stammvater eines der zwölf Stämme Israels, sondern seine Söhne Efraim und Manasse werden von Jakob dazu bestimmt. Josef bekleidete in Ägypten das mit einem Verwalter oder Minister vergleichbare Amt des Wesirs am Hofe des Pharao. Er sagt dies bei der Begegnung mit seinen Brüdern: "Gott hat mich zum Vater für den Pharao gemacht, zum Herrn für sein ganzes Haus" (Gen 45,8). Auch dies ist vergleichbar mit der Stellung des heiligen Josef. Wie Josef im Schatten des Pharao das Reich verwaltet, so verwaltet der Vater Jesu den Ausgangsort des aufgehenden messianischen Reiches im Schatten des Herrn des Himmels und der Erde. Die Heilige Familie, Urzelle der Kirche, wächst im Schatten Josefs, wie Jakob und seine Söhne im Schatten des alttestamentlichen Josef Zuflucht und Nahrung fanden. Hier wird nicht nur ein Licht auf die Bedeutung des heiligen Josef für den Neuen Bund geworfen, sondern noch einmal wird der Typus des klugen und gerechten Vaters unterstrichen, der wie Josef in Ägypten das ihm anvertraute Haus gut verwaltete, in sieben guten Jahren vorsorgend für sieben schlechte.

Das hier gebrauchte Bild des Vaters, der den Seinen Schatten gibt, ist sehr aussagekräftig. Der Begriff "Schatten" steht in der Heiligen Schrift sehr oft für das, was auch vom heiligen Josef ausgesagt werden kann, wenn behauptet wird, daß die Heilige Familie in seinem Schatten stand. Wenn die Heilige Schrift vom Schutz spricht, den der König, der Fürst der messianischen Zeit oder sogar Gott selbst gibt, redet sie vom Schatten, der schützt und birgt, vom Schatten Gottes, aber auch vom Schatten seiner Hand und seiner Flügel. In Analogie zu diesen Bildern darf man das Geborgensein Jesu und Marias unter dem Schutz des heiligen Josef wahrhaftig ein Ruhen im Schatten des Vaters und Bräutigams nennen. Wie im Hohelied die Braut den Bräutigam als Schatten preist, hat sich auch Maria mit reinstem Herzen nach Geborgenheit in Josef gesehnt; ihr gefiel, "in seinem Schatten zu sitzen" (Hld 2,3).

Auf der anderen Seite darf man wohl auch sagen, daß der heilige Josef bei der Erfüllung seines Doppelamtes als Vater des Sohnes Gottes und Bräutigam der Gottesmutter immer in Gottes Gegenwart lebte, die für ihn "ein starker Schild, eine mächtige Stütze, Schutz vor dem Glutwind, Halt vor dem Straucheln, Hilfe vor dem Fall, Schatten in der Mittagshitze" (Sir 34,19) war. Auf beide Arten sollte auch heute der christliche Familienvater seiner Familie Schatten geben und selbst im Schatten des Schöpfers stehen. Er sollte im Vertrauen auf Gott alles tun, was er vermag, wie Josef als kluger und gerechter Verwalter der Familienangelegenheiten.

Der kluge und gerechte Verwalter, der wachsame Diener, der treue Knecht – wie oft spricht Jesus in den Evangelien von diesen Vorbildern. Auch diese Lehren und Gleichnisse des Neuen Testaments können auf Josef bezogen werden. Er ist sicher auch in dieser Hinsicht vorbildlich. Es ist wohl nicht abwegig zu denken, daß Jesus sich mit Freude an Josef erinnerte, wenn er diese Lehren und Gleichnisse vortrug. Vielleicht dachte er, als er seine Gleichnisse ausmalte, auch an sein irdisches Zuhause, das von Josef und Maria geprägt wurde. Wenn Jesus sagt: "Wie mich der Vater geliebt hat, so habe ich euch geliebt. Bleibt in meiner Liebe!" (Joh 15,9), dann bezieht sich das zunächst einmal auf den himmlischen Vater. Es schwingt darin aber auch ein Lob an den Vater Josef und eine Aufforderung an alle Väter mit: "Ein neues Gebot gebe ich euch: Liebt einander, wie ich euch geliebt habe" (Joh 13,34)! Das heißt für Familienväter: Liebt eure Frau und eure Kinder, wie Josef seine Familie geliebt hat, wie Jesus und Gott der Vater euch liebt (vgl. z. B. Eph 5,25ff).

All diese Texte des Alten und Neuen Testaments unterstreichen das Vorbild des heiligen Josef als Typus des christlichen Mannes und Vaters. Sie zeigen auch, wie Josef in den Alten und Neuen Bund eingewoben ist. Christa Meves brachte dies in der Deutung der Begegnung mit dem weisen Simeon zum Ausdruck. Die Weissagungen und Andeutungen des Alten Bundes kommen zur Erfüllung und münden im Neuen Bund. Lange vor dem öffentlichen Wirken des Messias und der Gründung der Kirche am Pfingsttag ist in die Obhut Marias und Josefs der Anfang des Neuen Bundes gelegt, der im Schoße dieser Familie bis zur Geburtsstunde der Kirche heranwächst. Abermals kann man ein Wort Jesu auf Josef beziehen: "Sehr gut, du bist ein tüchtiger und treuer Diener. Du bist im kleinen ein treuer Verwalter gewesen, ich will dir eine große Aufgabe übertragen" (Mt 25,21/23). Weil der heilige Josef so gerecht, so klug, so von Liebe erfüllt, so tüchtig und treu die Aufgaben, die ihm gestellt wurden, gelöst hat, ehrt ihn die Christenheit. Für sie ist er Schutzpatron und Wegbegleiter dieses Hauses Gottes, das die Kirche ist. "Die heilige Familie, der Josef mit väterlicher Vollmacht vorstand", sagt Leo XIII., "war die Keimzelle der Kirche... Das sind Gründe, die im Herzen des heiligen Erzvaters das Bewußtsein rechtfertigen, daß ihm die Gesamtheit der Christen auf besondere Weise anbefohlen ist: die ganze Christenheit oder die Kirche, d.h. jene gewaltige Familie, die über den ganzen Erdkreis zerstreut ist."

Hier geraten wir an die Grenzen. Die Betrachtung Josefs als Schutzpatron, Wegbegleiter und Fürsprecher geht weit über die Wertschätzung seiner Vorbildlichkeit hinaus. Hier tritt Josef als Heiliger in den Vordergrund. Gewiß, auch als Heiliger ist Josef ein von der Kirche auserwähltes Vorbild für die Christen, das zur Nachahmung anregt. Dies drückt Johannes XXIII. sehr klar aus: "Das liebenswürdige und bescheidene Wesen des heiligen Bräutigams Marias erregt in feinfühligen Seelen den Wunsch, ihn nachzuahmen; sie entdecken dabei die Attraktivität der christlichen Askese und ihrer Ausdrucksformen im Leben der Frömmigkeit, die immer sympathisch und liebenswürdig sind." Aber als Heiliger ist Josef kein totes Vorbild, sondern er kann auch den Christen heute noch zugänglich sein. Es ist eine persönliche Aufgabe für uns heute, zu entdecken, daß wir uns im Gebet an Josef wenden können. Er kann uns Anregungen und Ideen geben. Wir können ihn in unseren Nöten und Problemen um Hilfe bitten. Er kann uns helfen und uns, wie Maria, näher zu seinem Sohn, dem Sohn Gottes führen. In seiner Demut wird er wie Johannes der Täufer auf das Lamm Gottes weisen und uns helfen, in der konkreten Situation den Rat Marias zu verwirklichen: "Was ER euch sagt, das tut" (Joh 2,5). Diese persönliche Beziehung zu Josef, der über sein irdisches Leben hinaus in der Christenheit wirkt, ist nicht mehr in Bildern, wie sie Palmira Languéns gemalt und Christa Meves gedeutet haben, faßbar. Diese Sicht erschließt sich nur dem Glaubenden, der von einem Leben nach dem Tod und von einer Gemeinschaft der Heiligen auch über den Tod hinaus überzeugt ist. In diesem festen Glauben steht die Christenheit seit ihren Anfängen. Und Kirchenväter wie Chrysostomus, Hieronymus, Ambrosius und Augustinus würdigten in Josef die Tugenden und Verdienste, die Josef dank der Gnade zum Heiligen machten. Nachhaltig förderten und vertieften Bernhard von Clairvaux und Rupert von Deutz die fromme Verehrung des heiligen Josef und die theologische Beschäftigung mit ihm. Bis heute ließe sich eine lange Liste von Verehrern des heiligen Josef aufstellen, von Heiligen wie Bernhardin von Siena oder Teresa von Avila, Theologen wie Jean Gerson oder Isidoro de Isolanis und Päpsten besonders von Pius IX. bis hin zu Johannes Paul II. Diese Liste soll aber nicht darüber hinwegtäuschen, daß am Anfang der Verehrung des heiligen Josef die Volksfrömmigkeit steht: Josef der Schutzpatron der Arbeiter, der Schutzpatron des guten Todes und der christlichen Familien, der Flüchtlinge und Verbannten, christlicher Länder und Diözesen, Gemeinden und Bruderschaften. Viele Andachten, Gebete, Litaneien und auch die Tradition, sein Leben in den Stationen der "sieben Schmerzen und sieben Freuden" zu betrachten, zeugen von dieser Volksfrömmigkeit. – Hier schließt sich nun der Kreis, denn die Bilder der sieben Schmerzen und sieben Freuden des heiligen Josef waren – gemalt von Palmira Laguéns – Anlaß für die Beschäftigung mit Josef in diesem Buch. Das hierin vorgestellte nachahmenswerte Vorbild Josefs ist vielleicht vielen Lesern klar. Was Christa Meves bei ihm entdeckt, macht ihn für jeden Christen zugänglich, auch für die, die in ihm keinen Fürsprecher sehen. Und dennoch lohnt es sich, beides zu entdecken.

German Rovira
Essen, den 22. August 1988
Fest Maria Königin

JOHANNES PAUL II.
Über die Würde und Berufung der Frau
Vorwort von Prof. Georg Siegmund, 74 S.

"Die Stunde kommt, die Stunde ist schon da, in der sich die Berufung der Frau voll entfaltet", mit diesen Worten des Zweiten Vatikanischen Konzils beginnt Papst Johannes Paul II. sein Apostolisches Schreiben "Mulieris Dignitatem", der Form nach eine Meditation, dem Inhalt nach eine theologische Anthropologie, alles in allem ein glänzendes Plädoyer für die Größe der Frau und die Weisheit des Schöpfers, der den Menschen als Mann und Frau erschaffen hat, beide von gleicher Würde und gleichem Recht, aber ausgestattet mit verschiedenen Gaben, weil zu verschiedenem Dienst berufen, jedoch zu gegenseitiger Hilfeleistung. "In der gesamten Lehre Jesu wie auch in seinem Verhalten stoßen wir auf nichts, was die zu seiner Zeit übliche Diskriminierung der Frau widerspiegeln würde." Sodann erläutert der Papst die Haltung der katholischen Kirche, warum Frauen nicht zum Priestertum zugelassen werden können: "Wenn Christus nun die Eucharistie bei ihrer Einsetzung so ausdrücklich mit dem priesterlichen Dienst der Apostel verbunden hat, darf man annehmen, daß er auf diese Weise die gottgewollte Beziehung zwischen Mann und Frau ausdrücken wollte." Der Papst unterstreicht die Berufung der Frau zu Ehe und Mutterschaft. Die Frau dürfe nicht zum "Objekt des Genusses und der Ausbeutung" werden. Im Kapitel Eva-Maria erklärt der Papst, worin das absolut Neue des Evangeliums besteht: "Am Anfang des Neuen Bundes steht die Frau: die Jungfrau von Nazaret."

CHRISTIANA-VERLAG STEIN AM RHEIN

ERICH BLECHSCHMIDT
Wie beginnt das menschliche Leben?
5. Aufl., 55. Tsd., 168 Seiten, 55 Abb.

Gestützt auf umfassende Forschungsergebnisse schildert Prof. Dr. E. Blechschmidt den Werdegang des Menschen vom Ei zum Neugeborenen. Die klaren, in ihrer Qualität einmaligen Abbildungen geben eine vollständige Übersicht über die entscheidenden Vorgänge der Individualentwicklung. Die Differenzierungen, die früher als Wiederholung der Stammesgeschichte gedeutet wurden, werden als Teilgeschehen dieser Individualentwicklung erkannt. Auf jeder Seite findet der Leser die erstaunlichsten Feststellungen, so zum Beispiel, daß die vermeintlichen menschlichen Kiemenanlagen in Wirklichkeit Beugefalten sind, daß die späteren Leistungen des Erwachsenen durch frühembryonale Elementarfunktionen des Organismus vorentschieden sind. Erstmals hat hier der Mensch die Möglichkeit, mit den Röntgenaugen der Wissenschaft einen Blick in die geheimnisvollste aller Werkstätten zu werfen. Dieses Buch bringt – was allen bisherigen Generationen verschlossen war – Licht in die dunkelste Phase des menschlichen Lebens. Das in diesem Werk erarbeitete Tatsachenmaterial ist für die gegenwärtige, weltweite Diskussion von unbestechlicher Objektivität und wissenschaftlicher Gründlichkeit. Welches Ansehen Prof. E. Blechschmidt in der internationalen Fachwelt genießt, geht allein schon aus der Tatsache hervor, daß die berühmte humanembryologische Forschungssammlung der Universität Göttingen nach ihm benannt ist. Diese "Sammlung Blechschmidt" enthält 50 Modelle von menschlichen Embryonen. Die durchschnittliche Größe der Modelle beträgt 1,80 m.

CHRISTIANA-VERLAG STEIN AM RHEIN

FERDINAND HOLBÖCK
Gottes Nordlicht
352 Seiten. Paperback, DM 28,-, Fr. 25,-

Was eine vom Geist Christi ergriffene Frau für die eigene Familie, für Gesellschaft, Vaterland und Kirche leisten kann, das hat die große Heilige aus dem Norden, Birgitta von Schweden (1303-1373) auch den Männern und Frauen unserer Zeit in heroischer Weise vorgelebt. Sie stammte aus königlichem Hause und scheute sich nicht, in Rom die Pestkranken zu pflegen; sie war als Erzieherin am Königshof in Stockholm tätig und unternahm als demütige Pilgerin Wallfahrten nach Santiago de Compostela in Spanien und nach Jerusalem. Sie hat alle Dimensionen und Stände des Frauseins durchgestanden, als Jungfrau, als Ehegattin, als Familienmutter von vier Söhnen und vier Töchtern, als Witwe, als Ordensgründerin. Ihr Mann und ihre Tochter Katharina sind neben ihr zu Heiligen geworden. Könige, Bischöfe und Päpste haben sie um Rat gefragt, und sie hat wie die hl. Katharina von Siena sich nicht gescheut, sie energisch an ihre Pflichten zu erinnern und den Papst zur Rückkehr von Avignon nach Rom zu bewegen. Durch die Offenbarungen, die Birgitta von Schweden als charismatisch begnadete Frau empfing und im Auftrag Christi niederschrieb, wurde sie zur großen, prophetischen Mahnerin in einem durch Krieg und Niedergang zerrissenen Abendland. Ihre Sprache ist hinreißend, ihre Bilder und Vergleiche sind von visionärer Kraft, der Inhalt ihrer Offenbarungen von bestürzender Aktualität. Sie durchwanderte Europa von Norden nach Süden, von Westen nach Osten und wurde dadurch zu einer wahrhaft europäischen Heiligen.

CHRISTIANA-VERLAG STEIN AM RHEIN

FERDINAND HOLBÖCK
Geführt von Maria
636 Seiten, 103 Abbildungen, Leinen, DM 58,-, Fr. 49,-

Im Rahmen seines großen Heiligenwerkes "Gottes Ruhm", bringt der Salzburger Dogmatiker Ferdinand Holböck unter dem Titel "Geführt von Maria" ein Marienbuch ganz besonderer Prägung heraus. Holböck, Mitglied der Päpstlichen Theologischen Akademie, entwirft zuerst den neuesten Stand der Mariologie aufgrund der Heiligen Schrift, der Kirchenväter und des kirchlichen Lehramtes. Sodann stellt er uns marianische Heilige aus allen Jahrhunderten vor. Er zeigt, wie unter der Führung des Heiligen Geistes jeder Heilige tiefer in die unbegreiflichen Gnadenprivilegien der Mutter Gottes eindringen und neue Erkenntnisse gewinnen durfte, bis sich über zwanzig Jahrhunderte hinweg aus einem kleinen Samen ein mächtiger Baum der Erkenntnis entwickelt hat. Die Heiligen sind ja die lebendigen Interpreten des Evangeliums und sie dürfen uns im Lichte des Heiligen Geistes immer neue Aspekte eröffnen, bis sich vor unserem geistigen Auge das Panorama einer gewaltigen Synoptik ausbreitet und wir Maria als das Zeichen des lebendigen Gottes erkennen. Im Sinn des II. Vatikanischen Konzils haben diese authentischen Glaubenszeugen der Reihe nach immer tiefer erfaßt, daß Maria im Mysterium Christi jungfräulich-bräutliche Gottesmutter als zweite Eva an der Seite des zweiten Adam ist, das hervorragendste Glied der Kirche, das herrliche Urbild und die dichteste Verkörperung dessen, was die Kirche nach dem Willen Christi sein soll: mater et magistra – Mutter und Lehrerin.

CHRISTIANA-VERLAG STEIN AM RHEIN

Schriften des Internationalen Mariologischen Arbeitskreises e.V. (IMAK)

Im Gewande des Heils
Die unbefleckte Empfängnis Mariens als Urbild der Heiligkeit, Hrsg. G. Rovira, 174 S., DM 19,80

Das Zeichen des Allmächtigen
Die jungfräuliche Gottesmutterschaft Mariens in ihrer Verbindlichkeit für das christliche Leben, Hrsg. G. Rovira, 253 S., DM 10,-

Die Mutter der Schönen Liebe
Die Marienverehrung im Leben der Kirche und der Christen, Hrsg. G. Rovira, 221 S., DM 10,-

Der Widerschein des ewigen Lichtes
Marienerscheinungen und Gnadenbilder als Zeichen der Gotteskraft, Hrsg. G. Rovira, 283 S., DM 39,-

Johannes Paul II., Marianische Texte (1978-1985)
Hrsg. J. Stöhr, Band I, 790 S., 98,-, Band II, 285 S., DM 39,-

Totus Tuus
Theologische Kommentare zur Mariologie Johannes Pauls II., Hrsg. G. Rovira und J. Stöhr, Band I, 207 S., DM 48

Die sonnenbekleidete Frau
Die leibliche Aufnahme Marias in den Himmel. Überwindung des Todes durch die Gnade, Hrsg. G. Rovira, 278 S., DM 39,-

Die Mutter der Kirche und die Frau in der Kirche
Jutta Burggraf, DM 6,-

Dokumentation des 17. Marianischen Kongresses in Kevelaer 1987
Hrsg. G. Rovira, ca. 1000 S., DM 50,-

Maria – Mater Fidelium
Das Marienbild im Wandel von 1300-1800, 800 S., ca. DM 70,-

Marianischer Kalender
Zusammengestellt von G. Rovira, 16. S., 10 Ex. DM 12,-

Die folgenden Bücher seien Ihnen besonders ans Herz gelegt:

Maria im Geheimnis Christi und der Kirche
G. Rovira/ J. Schumacher/ J. Stöhr, 124 S., DM 15,80

Leben mit der Mutter des Herrn
Mein Glaubensbuch über Maria, A. Baur/ W. Plöger/ G. Rovira/ R. Schulte-Stade, 144 S., DM 19,80

Beide Bücher stellen allgemeinverständlich die Glaubensinhalte über Maria und die vielfältigen Formen einer lebendigen Marienverehrung dar. Die Bücher ergänzen sich: Während das erste eher das Dogmatische und Geschichtliche systematisch darlegt, will das zweite, reich bebilderte Buch bei jung und alt in unseren Familien und Gemeinden ein vertieftes gläubiges Leben nach dem Beispiel der Mutter des Herrn anregen und fördern.

IMAK e.V. Postfach 257 D-4178 KEVELAER